Platzspitzbaby

Michelle Halbheer

# Platzspitzbaby

Meine Mutter, ihre Drogen und ich

Geschrieben von Franziska K. Müller

Zum Schutz der Persönlichkeitsrechte von natürlichen und juristischen Personen wurden alle Namen und Ortschaftsangaben geändert.

© 2013 Wörterseh Verlag, Gockhausen
3. Auflage 2014

Juristisches Lektorat: Dr. Georg Gremmelspacher, Rechtsanwalt, Basel
Lektorat: Claudia Bislin, Zürich
Korrektorat: Andrea Leuthold, Zürich
Umschlaggestaltung: Thomas Jarzina, Holzkirchen
Foto Umschlag vorn: Gianni Pisano, Zürich
Foto Umschlag hinten: Privatarchiv, Michelle an ihrem siebten Geburtstag
Layout, Satz und herstellerische Betreuung:
Rolf Schöner, Buchherstellung, Aarau
Druck und Bindung: CPI – Ebner & Spiegel, Ulm

Print ISBN 978-3-03763-035-8
E-Book ISBN 978-3-03763-542-1

www.woerterseh.ch

*Für meine wunderbaren Freunde aus der damaligen Zeit*
*und alle Kinder, die nach wie vor vergessen sind.*

# Inhaltsverzeichnis

# Vorwort

Der »Platzspitz« und der »Letten« sind den meisten aus meiner Generation – und auch unseren Müttern, Vätern, Geschwistern und Großeltern – in furchtbarer Erinnerung. Wie viele heroinsüchtige Söhne und Töchter, Schwestern und Brüder, Freundinnen und Freunde, Enkel und Nichten überlebten jene Jahre nicht oder sind später an den Folgen der Sucht gestorben? Der Verlust, aber auch die Erinnerung an die schrecklichen Zustände in der offenen Zürcher Drogenszene treiben manchen Angehörigen noch heute die Tränen in die Augen, und andere verspüren Wut. Wut auf das erlebte Leid und die Tatsache, dass es, um sich selber zu schützen, oftmals nur eine Entscheidung gab: die endgültige Trennung von jenen, die nicht nur sich selbst, sondern auch ihr Umfeld zugrunde richteten. Die Kinder der Elenden konnten einen solchen Schlussstrich nicht ziehen, sie konnten sich nicht retten: Sie blieben den süchtigen Eltern ausgesetzt, erlebten deren qualvollen Niedergang, erlitten Vernachlässigung, Hunger und Gewalt. Eines dieser Kinder ist Michelle Halbheer. Ihr Schicksal ist kein Einzelfall, es steht für Tausende von Jungen und Mädchen, die auch heute weitgehend ohne Hilfe in drogenbelasteten Familien aufwachsen müssen.

Als es darum ging, dieses Buch in Angriff zu nehmen und die dafür notwendigen Recherchen voranzutreiben, fand ich Dutzende von Abhandlungen zur nationalen und internationalen Drogenpolitik, Analysen zu den Platzspitz- und Letten-Jahren sowie neue wissenschaftliche Forschungsberichte, die sich mit der Drogensucht befassen. Dabei wurde klar: Seit einigen Jahren sind endlich auch die Kinder der Süchtigen vermehrt ein Expertenthema, und die Schädigungen, unter denen viele von ihnen spätestens ab dem jungen Erwachsenenleben leiden, sind gut erforscht. Aber es steht auch fest: Obwohl das professionelle Hilfssystem von den Missständen weiß, fühlen sich viele Ämter und soziale Einrichtungen nach wie vor allein ihren Klienten – den Süchtigen – verbunden. Ihnen gilt das Augenmerk, sie erhalten breite Unterstützung in allen Belangen, während ihre Kinder ohne Lobby dastehen und in vielen Fällen als Therapieinstrument für ihre Eltern missbraucht werden. Auch aus diesem Grund sollte manches Drama, das sich in drogenbelasteten Familien abspielt, nicht nur den süchtigen Eltern angelastet werden, sondern auch manchen stillen Helfern und Mitwissern im Hintergrund.

Nach langen Gesprächen, in denen Michelle ihre harten Kindheitsjahre Revue passieren lassen, mir Hunderte von Fragen beantworten musste und wir gemeinsam viele Themenbereiche vertieften, legte ich ihr Monate später das fertige Manuskript vor. Zu diesem Zeitpunkt, so ließ sie mich wissen, habe sich ihr Leben bereits positiv verändert, und manches erscheine nun in einem neuen Licht. In Erinnerung an ihre Vergangenheit unterscheide sie heute zwischen der süchtigen Sandrine, die ihr Unfassbares auferlegt habe, und der drogenfreien Mutter ihrer frühen Kindheitsjahre: »Einer Mama, der ich blind vertraute und die mich geliebt hat.«

*Franziska K. Müller, Ende Oktober 2013*

## Sonntagabend

Es ist Sonntagmorgen. Ich fürchte mich. Ich fürchte mich vor dem Abend und der Rückkehr in ein Dasein, das monatlich durch einen zweitägigen Besuch beim Vater unterbrochen wird. Die Angst steigert sich über den Tag, wir schaukeln auf dem Spielplatz gemeinsam in die Höhe, und beim Spaziergang hält sie meine Hand. Im Sommer sehe ich Familien mit nassen Haaren und Gummibooten unter den Armen auf dem Nachhauseweg. Im Herbst wirbeln Blätter durch die Luft. Jetzt liegt Schnee im Randstein, feine Eisplättchen bedecken die zugefrorenen Pfützen. Beim Abschied vom Vater streicht mir die Angst durch das Haar.

Ich greife im Milchkasten nach dem Schlüssel, laufe durch das Treppenhaus und betrete unsere Wohnung. Schmutz und Chaos, die mit Blut besprenkelten Wände sind nur undeutlich erkennbar. Es ist sehr still. Überall brennen weiße Kerzen. Auf der Ablage liegen Briefumschläge. Für Andreas. Für Michelle. Ich will wegrennen, ich will flüchten, doch Panik und Entsetzen halten mich fest. Als ich Mutter entdecke, ist sie ohne Bewusstsein, im abgebundenen Arm steckt die Spritze, Fingerspitzen und Lippen sind bläulich verfärbt. Wie eine kaputte Puppe liegt sie vor mir, die Kleidung schmutzig, der wilde Haarschopf ungekämmt, die Augen sind verdreht und halb geschlossen. Ich halte sie für tot. Ob Sekunden oder

Minuten verstreichen, weiß ich nicht mehr. Als ich aus dem Schock erwache, streiche ich Mutter über das blasse Gesicht, schüttle sie an den Schultern, hämmere schließlich mit den Fäusten auf sie ein. Sie zeigt keine Reaktion. Sekunden später glaube ich einen schwachen Pulsschlag wahrzunehmen, halte ihr einen Spiegel unter die Nase. Er beschlägt sich nicht. Ich flüstere Worte, die ich seit Jahren nicht mehr sagte: »Mama, ich liebe dich doch und mache alles, was du willst, wenn du nur wieder aufwachst.«

Sanitäter und Arzt sind innerhalb weniger Minuten da. Meine Bemerkung, man müsse Mutter vor einem allfälligen Erwachen fixieren, da sonst gewalttätige Übergriffe zu erwarten seien, geht im allgemeinen Tumult unter. Man schiebt mich aus dem Zimmer. Sie denken wohl, diese Szene sei zu viel für ein Kind. Seit ich vor ein paar Wochen miterleben musste, wie Serge an einer Überdosis verreckt ist, man kann es leider nicht anderes formulieren, hat sich das Entsetzen über dieses Leben dauerhaft in meiner Seele eingenistet, und schockieren kann mich nicht mehr viel. Die Notfallärzte injizieren Mutter Adrenalin, und plötzlich ist sie – unüberhörbar – wieder zum Leben erwacht. Sie verwandelt sich im Bruchteil einer Sekunde in eine Furie, verflucht ihre Lebensretter, wirft mit Gegenständen um sich, schreit sich die Seele aus dem Leib. Mittlerweile ist auch die Polizei eingetroffen. Die Aggressivität dieser Frau macht die Beamten sprachlos. Sie wollen mich aus der Gefahrenzone bringen, schieben mich durch den Korridor Richtung Ausgang. Mutter ist längst wieder bei enormen Kräften, reißt mich ins Badezimmer, will die Tür zuknallen und verriegeln, doch eine mutige Beamtin stellt einen Fuß in die Tür. Da ich mich bereits eines Vergehens schuldig gemacht habe, das mir unter Androhung der Todesstrafe verboten ist – nämlich offizielle Stellen auf uns aufmerksam zu machen –, händige ich Mutter die geforderte Dose Haarspray aus, deren Inhalt sie, tobend noch immer, der Polizistin ins Gesicht sprüht. Ordnungshüter samt Arzt und Sanitäter treten den Rückzug an. Sie fliehen wortlos. Sie lassen mich allein. Im Moment, als mich Mutter grün und blau schlägt, fällt die Angst dieses Sonntags von mir ab. Ich bin zehn Jahre alt und werde weitere drei Jahre in dieser Hölle leben, denn auch dieser Vorfall hat keinerlei Konsequenzen, und niemand kommt jemals vorbei, um mich zu retten.

Die wiederkehrende Drohung, sich umzubringen, und Suizidversuche terrorisierten mein Dasein, seit ich ein kleines Kind war. Mutter sprach mich früh schuldig für das sich selbst zugefugte Leid. Mein Verhalten richtete ich stets danach aus, dass sie ihre furchtbaren Ankündigungen nicht wahr machen möge. So kam es zu fatalen Situationen, die mich jahrelang Qualen und Gefahren aussetzten. Manche Menschen, darunter Beamte und Sozialarbeiter, Polizisten und Ärzte, waren stille Mitwisser: Sie wollten mein Elend nicht sehen, gaben Mutters Drohungen nach, schützten ihre Existenz, indem sie mich aufs Spiel setzten. Mein Überleben grenzt an ein Wunder. Jetzt bin ich 28 Jahre alt und mache meine Geschichte öffentlich. Im Willen, die Vergangenheit hinter mir zu lassen. Aber auch um verhindern zu helfen, dass andere Kinder ein ähnliches Schicksal erleiden müssen.

Rund viertausend Mädchen und Jungen leben gegenwärtig in der Schweiz in Familien, in denen zumindest ein Elternteil harte Drogen konsumiert, in Deutschland spricht man von vierzig- bis sechzigtausend betroffenen Kindern. Die Dunkelziffern gelten in beiden Ländern als hoch. Studien und Untersuchungen sprechen von zahlreichen Gefahren, denen diese Kinder ausgesetzt sind, doch Hilfe erhalten bis heute die wenigsten in irgendeiner Form. Für Aufmerksamkeit und Empörung sorgen sie, wenn es zu spät ist: Eine verhungerte Jessica. Eine verdurstete Lara Maria. Ein zu Tode geprügelter Kevin. Eine neunmonatige Tamara, die durch Heroin und Kokain im Milchschoppen getötet worden sein soll. Ihre Mutter wurde von einem Gericht in der Schweiz freigesprochen, da sie – unglaublich, aber wahr – glaubhaft versichern konnte, sie habe ihr Baby geliebt. Nicht nur an diesem Beispiel lässt sich ein Missstand erkennen: Das Wohl der Süchtigen wird über dasjenige ihrer Kinder gestellt, und ob die drogenabhängigen Mütter und Väter ihre Verantwortung als Eltern wahrnehmen, wird durch das professionelle Hilfesystem noch immer nicht infrage gestellt. Auch zum Nachteil jener Kinder, die ihr Unglück verschweigen: aus Angst vor den Drohungen der Eltern, aber auch weil sie ihre Mütter und Väter – trotz allem – lieben.

Das Risiko besteht, dass Mutter eine Kurzschlusshandlung begeht, wenn sie dieses Buch liest: Es ist eine Verantwortung, die ich auf mich nehme. Keine Ahnung, welch dunkle Schutzengel sich stets um sie scharten: Dem Tod sprang sie unzählige Male von der Schippe, und während Tausende aus der Platzspitz-Generation längst gestorben sind, lebt sie heute in einer kleinen Wohnung in einem Alltag, in dem der Gang zur kontrollierten Drogenabgabe und das Methadonprogramm das Wichtigste sind. Manchmal ist sie erneut wochenlang nicht erreichbar, und ich weiß nicht, ob sie noch lebt. Sie leidet als Folge des jahrzehntelangen Drogenmissbrauchs unter einer beginnenden Demenzerkrankung und ist an Aids erkrankt. Ich erzählte ihr nichts von meinen Plänen, das jahrelang erzwungene Schweigen zu brechen. Vermutlich würde sie das Gesagte zur Kenntnis nehmen, um es in der nächsten Sekunde wieder zu vergessen. Und doch muss ich damit rechnen, dass sie diese Geschichte in einem lichten Moment liest oder von ihr vernimmt. Sie wird das Geschilderte in jedem Fall als Angriff erleben. Auf meine späte Frage – »Wieso hast du dich für die Drogen und nicht für mich entschieden?« – erhielt ich keine Antwort, und wenn ich sie an die schrecklichen Details meiner Kindheit erinnerte, bezichtigte sie mich der Lüge. Sie wird sich auch heute keinen einzigen Gedanken zum Unglück machen, das sie mir, meinem Vater und anderen Menschen auferlegt hat, so wie sie stets bestritten hat, etwas falsch gemacht zu haben. In einem Leben, das auch für sie schlecht startete und nicht einfach war. Entlasten missliche Umstände eine Existenz, die vollumfänglich auf Kosten anderer verläuft? Nein. Weil Menschen freie Entscheidungen treffen und somit die Verantwortung für ihre Handlungen tragen.

Meine Mutter und ihre Schwester gehörten zu den ersten Mischlingskindern der Schweiz: Ihre Eltern lernten sich Ende der Fünfzigerjahre in Paris kennen. Es muss eine stürmische Liebesgeschichte gewesen sein, eine für die damalige Zeit unmögliche Liaison, wie sich allerdings erst nach der Rückkehr in die Schweiz herausstellen sollte. Im 19. Arrondissement von Paris existierte bereits eine große afrikanische Gemeinschaft. Gemischtethnische Ehen und daraus hervorgehende Kinder waren im Schmelztiegel von Belleville nicht gerade an der Tagesordnung; in einem Quartier jedoch, in dem sich Immigranten aus aller Welt, vor allem aus den ehemaligen französischen Kolonien, niedergelassen hatten, stand man dem Profiboxer aus dem Senegal und seiner schneeweißen Schweizer

Ehefrau keineswegs feindselig gegenüber. Eine erste Tochter wurde in Frankreich geboren. Die zweite Tochter – meine Mutter Sandrine – erblickte 1961 in der Schweiz das Licht der Welt. Ihre Wurzeln konnten die beiden Schwestern nie verleugnen: Die Mädchen hatten eine dunkle Hautfarbe, und ihre kantigen Gesichtszüge mit den markanten Wangenknochen ließen in späteren Jahren ihre westafrikanische Abstammung gut erkennen.

Opas Hautfarbe, so schwarz wie Ebenholz, erwies sich als Hinderungsgrund, um sich in der Schweiz zu integrieren. Heute ist es unvorstellbar: Der Zutritt in manche Restaurants blieb Großvater verwehrt, und seine ihn begleitende Ehefrau, meine Großmutter, wurde auf offener Straße angespuckt und als Hure bezeichnet. Babou arbeitete als Pneuwechsler, und obwohl er sich anfänglich um Integration bemühte, weckte die gesellschaftliche Zurückweisung nicht seinen Kampfgeist, sondern sie schuf ihm gute Gründe, um so zu sein, wie er eben ist: afrikanisch. Ich erinnere mich daran, dass er wegen wiederholt unerlaubten Fischens verwarnt worden war. Dies kümmerte ihn wenig, und das offizielle Vorgehen, über den Amtsweg ein Patent zu erlangen, erschien ihm widersinnig. Er fuhr fort, das Abendessen für die Familie gelegentlich auf diesem Weg zu beschaffen. Seine Rechtfertigung lautete: »Wenn man im Senegal genug intelligent ist, um einen Fisch an Land zu ziehen, darf man ihn auch essen.« Die europäische Denkweise und die hiesigen Kodexe blieben ihm ein Buch mit sieben Siegeln.

Je stärker sich der Ehemann auf seine afrikanischen Eigenheiten berief, umso vehementer negierte seine Frau alles, was mit dieser Identität in Verbindung stand. Die Ehe der Großeltern wurde aus diesen und anderen Gründen instabil, worauf man die jüngere Tochter als Vierjährige in einem Kinderheim unterbrachte. Meine Mutter berichtete von zahlreichen gewalttätigen Übergriffen, die sie in diesem Umfeld erleiden musste. Sie stand ihnen machtlos gegenüber, da Rückhalt und Trost auch in den zunehmend zerrütteten Familienverhältnissen, in die sie an manchen Wochenenden zurückkehrte, nicht mehr zu finden waren. Meine Großmutter musste die Familie bald aus eigener Kraft durchbringen. Als tatkräftige und dominante Frau schaffte sie dies mit einer erfolgreichen Hundezucht. Gleichzeitig verfiel sie dem Alkohol, wurde medikamentenabhängig, und bei den seltenen Besuchen der jüngeren Tochter zu Hause verprügelte sie diese wegen Nichtigkeiten. Mit der willkürlichen Machtausübung jener, die einen noch Schwächeren auswählen und ihn grundlos misshandeln, wurde meine Mutter nicht nur im Heim, sondern auch daheim konfrontiert.

Weder kulturell noch religiös wurde den Kindern der Bezug zu jenem Kontinent erlaubt, aus dem beide so offensichtlich für jedermann stammten. Das afrikanische Temperament von Sandrine – ungestüm und herzlich – wurde im Heim, aber auch von ihrer Mutter negiert, die damit verbundenen Eigenschaften als negativ qualifiziert. Man muss kein Psychologe sein, um in dieser Kombination etwas Ungutes zu erahnen: eine vergebliche Suche nach Zugehörigkeit, ein nicht erfülltes Bedürfnis nach Anerkennung, das jedem minderen Selbstwertgefühl zugrunde liegt. Es gibt ein Schulbild aus jener Zeit: Dreißig weiße Kinder lächeln in die Kamera, und mittendrin sitzt die schwarze Sandrine mit wildem Haarschopf und verstocktem Blick aus schwarz glänzenden Kirschaugen. Bereits in der Überzeugung, den Ansprüchen nicht gerecht zu werden, jenen der Mutter nicht, jenen des Umfeldes nicht, fiel sie ab dem Primarschulalter als trotzig und unangepasst auf. Sie antwortete auf die Boshaftigkeit der Welt, indem sie sich selbst schlecht zu verhalten begann. Gleichzeitig eignete sich meine Mutter bereits als Kind eine fatale Haltung an, die sie nie mehr loswurde: Als Opfer schuf sie sich die moralische Legitimation, um sich selbst und anderen Schaden zuzufügen.

Sechzehnjährig, fand sie eine Lehrstelle als Coiffeuse, lebte auf sich allein gestellt in einer winzigen Wohnung. Nach Monaten, in denen sie Haare shampooniert und tausend Frotteetücher zusammengefaltet, Staub gewischt und Lockenwickler auf Perücken gedreht hatte, durfte sie einer Kundin das Färbemittel auftragen. Während eines diffizilen Vorgangs, der eine genaue Beobachtung verlangt hätte, schlief Sandrine ein, worauf die giftige Substanz Frau Bögli in die Augen rann, man heilfroh sein musste, dass sie keinen bleibenden Schaden davontrug. Um der Empörung Nachdruck zu verleihen, wurde der Lehrtochter fristlos gekündigt. Diese musste bereits zu diesem Zeitpunkt mit Drogen experimentiert haben, denn keine Sechzehnjährige schläft am helllichten Tag stehend ein, außer sie leidet am chronischen Müdigkeitssyndrom.

Das Leben meiner Mutter geriet – genauso wie dasjenige Tausender anderer Jugendlichen Ende der Siebzigerjahre – aus den Fugen. Harte Drogen überschwemmten auch die Schweiz. Das Land wurde mit einer Problematik konfrontiert, die man zuerst nicht erkannte und später nicht wahrhaben wollte. Es war auch die Absturzzeit von »Christiane F.«, die ihren Alltag als minderjährige Heroinsüchtige und Prostituierte im später millionenfach verkauften Bestseller »Wir Kinder vom Bahnhof Zoo« schilderte. Das hübsche und kluge Mädchen geriet zur Symbolfigur für die Verbreitung des Drogenmissbrauchs, figurierte aber auch als Antiheldin einer Generation, die mit dem Konsum von Heroin nicht nur Elend und Tod, sondern auch eine Subkultur verband, die sich über die Mode, die Musik, die Sprache definierte. Der Heroin-Chic als glamouröses Gut und die Junkies als gleichberechtigte Gemeinschaft, in der es Zusammenhalt und Liebe gibt? Das halte ich für ein unrealistisches Bild. In Berlin wie in Zürich funktionierte die Szene durchaus hierarchisch. Unterschieden wurde zwischen den Coolen und den Uncoolen: zwischen jenen, die den Absprung noch rechtzeitig schafften, aus eigener Vernunft oder weil sie Hilfe beanspruchten, und den anderen, die von Anfang an in die schwerste Abhängigkeit steuerten.

Meine Mutter gehörte der zweiten Gattung an. Bereits als Jugendliche verkehrte sie im Kreis jener Unglücklichen, die später zu Tausenden auf dem Platzspitz und dem Letten endeten. Sie fühle sich zu jenen hingezogen, die schwach und verloren waren, liebesbedürftig und Geborgenheit suchend, so wie sie selbst. Die im Kokain eine Krücke für ihr angeschlagenes Selbstbewusstsein fanden und im Heroin eine Möglichkeit, all ihre Gefühle zu tilgen. Was aus den Berliner Junkies wurde, die vor dreißig Jahren noch den Glanz der Jugendlichkeit und der Schönheit umgab, was Verwahrlosung, Krankheit und Tod aus ihnen machten, erfuhr man nicht mehr. Dass die Elenden Nachwuchs zeugten, Kinder, die sich jahrelang in ihrer Obhut befanden, während ihr Leben auf der Gasse außer Rand und Band geriet, schien niemanden zu interessieren. Christiane F. blieb in den Schlagzeilen, und ihr Sohn stand aufgrund der Prominenz seiner Mutter unter erhöhter Beobachtung. Er wurde ihr weggenommen. Ein Glück, das viele andere Kinder nicht hatten.

Das Schicksal war Sandrine nicht wohlgesinnt, und bereits in ihren Teenagerjahren kumulierten sich die Ereignisse, die auf eine Existenz hinsteuerten, in der anderes bereits wichtiger war als die eigene Unversehrtheit. Eine Geschichte erzählte sie mir später unzählige Male, wenn sie auf einem Herointrip in den negativen Erinnerungen und im Selbstmitleid hängen blieb. Als Jugendliche reiste sie per Autostopp nach Paris, geriet in die Fänge einer Menschenhändlerbande, die junge Mädchen mit Drogen vollpumpte, ihnen Pässe und Geld abnahm, um sie später an verschiedene Bordelle in ganz Frankreich zu verkaufen. Nach längerer Gefangenschaft – Mutter sprach nie darüber, was in diesen Wochen geschah – gelang es Sandrine, mit handgeschriebenen Zetteln, die sie dutzendfach aus dem Fenster warf, auf sich aufmerksam zu machen. Sie und drei andere Mischlingsfrauen wurden durch Interpol befreit, die Verantwortlichen verhaftet. Später wurden deren Machenschaften im preisgekrönten Kinofilm »96 Hours« thematisiert, und Mutter schien beinahe stolz, Teil des dramatischen Geschehens gewesen zu sein.

Über die folgenden Jahre ihres jugendlichen Lebens weiß ich wenig. Vermutlich geriet sie in eine sich schnell drehende Abwärtsspirale aus Heroinkonsum und Beschaffungsstress. Ein Teufelskreis, der durch das Auftauchen meines Vaters unterbrochen wurde: Sie lernten sich im Rotlichtmilieu von Zürich kennen. Mama war 22-jährig, mein Vater ein Jahr älter. Der Bauernsohn aus dem Kanton Thurgau galt bereits in jungen Jahren als rechtschaffener Mann. Er stammte aus einfachen, aber geordneten Verhältnissen, in denen Tugenden wie Ordnung, Fleiß und Pflichterfüllung an oberster Stelle standen. In seinem Elternhaus lebten verschiedene Generationen unter einem Dach. Der verantwortungsvolle Umgang mit anderen genoss in seiner Familie einen hohen Wert. Geschlagen wurde nicht, es gab Liebe und Fürsorglichkeit, jedoch bestimmten verbindliche Regeln den streng strukturierten Alltag. Sein Vater arbeitete ein Leben lang hart; zuerst als Bauer, dann dreißig Jahre lang in einem Autohaus. Die Früchte seines Fleißes kamen der Familie zugute. Man bezahlte die Rechnungen ohne Verzug und konnte sich in bescheidenem finanziellem Rahmen etwas leisten: Der Junge fuhr ein Motorrad, später durfte er die Autoprüfung machen. Sein Leben verlief – bevor er auf meine Mutter traf – gradlinig. Es gab in seiner Biografie keinerlei tragische Brüche.

Was Andreas plante, führte er zu Ende, und zwar mit Erfolg. Nach der abgeschlossenen Lehre fand er sofort eine Anstellung als Maurer und bezog eine eigene Wohnung. Er liebte Rockmusik, trug bunte Hosen mit Schlag und in Anlehnung an seine Bewunderung für die Hells Angels ein schwarzes Ledergilet, das mit den Abzeichen seiner Lieblingsbands geschmückt war. Nach der Arbeit trank er ein Glas Bier, und manchmal rauchte er eine Zigarette. Der Exzess war ihm fremd, da er grundsätzlich über einen maßvollen Charakter verfügte. Seine einzige Extravaganz, das Faible für schöne Mischlingsfrauen, wurde ihm prompt zum Verhängnis: Die groß gewachsene Sandrine, feingliedrig und doch so kräftig wie eine afrikanische Stammeskriegerin – in Gestalt und Glanz jenen geschnitzten Statuen nicht unähnlich, die als stumme Mitbringsel von einer Keniareise tausendfach Schweizer Wohnwände zieren –, verzauberte meinen Vater auf der Stelle.

Obwohl oder gerade weil meine Mutter über ein angeschlagenes Selbstwertgefühl verfügte, blieb ihr Auftreten auch in den schlimmsten Absturzzeiten beeindruckend dominant, herrisch und von einer dermaßen übertrieben zur Schau gestellten Arroganz, dass sie andere leicht in Angst und Schrecken versetzen konnte. In jungen Jahren war diese künstliche und durch das Kokain noch gesteigerte Selbstüberschätzung weniger ausgeprägt, doch ein gefügiges Lamm war sie auch damals nicht. Als leicht geschürzte Table-Dancerin in einem Cabaret-Klub beschäftigt – in den hinteren Zimmern wurde heimlich animiert –, unterhielt sich die exotische Schönheit im breitesten Zürcher Dialekt mit dem Bauernsohn aus dem Kanton Thurgau. Sie symbolisierte das Gegenteil von allem, was er kannte. Sie eröffnete ihm eine neue Welt: Freiheitsliebend, chaotisch und risikobereit, akzeptierte sie keine Regeln, und die Werte einer gutbürgerlichen Erziehung hatte sie nicht nur ungenügend kennen gelernt, sie waren ihr inzwischen auch komplett egal. Ihr damaliges Temperament, laut, herzlich und unverfroren, nahm ihn ebenso wie ihre Schönheit gefangen, erzählte mir Vater später.

Ob und bei welcher Gelegenheit Papa ihre Drogensucht bemerkte, ist nicht überliefert. Beim ersten Treffen mit seiner Mutter schien die Geliebte allerdings nicht bei klarem Verstand zu sein, stürzte im alten Bauernhaus kopfüber die große Kellertreppe hinab und brach sich beinahe das Genick. Oma soll ihren Sohn daraufhin sorgenvoll angeblickt haben, und in böser Vorahnung sprach sie den Satz: »Willst du dir das wirklich antun?« Er wollte, und zwar um jeden Preis. Diese Liebe erkannte er nicht als fatal, sie war für ihn eine Aufgabe, eine Lebensaufgabe. So wie man eine Ausbildung beendet oder einen Marathon durchstehen kann, vertrat er die Meinung, dass auch einer Drogensucht mit dem Willen beizukommen sei. In seiner maßlosen Verblendung ging er so weit, dass er selbst exzessiv Kokain zu konsumieren begann, allein um die Frau seines Lebens Monate später im Entzug begleiten zu können. Die Dosis wurde fortan unter seiner Aufsicht täglich verringert, so lange, bis beide abstinent waren.

Dies glaubte zumindest mein Vater, und beflügelt von diesem Erfolg, der für ihn wie ein Versprechen an die gemeinsame Zukunft klang, befreite er seine Verlobte in einer halsbrecherischen Aktion endgültig aus den Verpflichtungen des Rotlichtmilieus. Nun war sie in Sicherheit, nun gehörte sie ihm allein. Meine Mutter, ebenfalls verliebt, jedoch auch gerissen, wenn es um ihre eigenen Vorteile ging, wie ich heute weiß, erkannte in diesem Mann eine Chance, packte den so unvermutet zugeworfenen Rettungsanker mit beiden Händen und verhakte diesen fest in ihrer brüchigen Existenz. Ein Jahr nachdem sich das ungleiche Paar zum ersten Mal begegnet war, stand Sandrine hochschwanger auf dem Standesamt und antwortete: »Ja, ich will.«

## Anfang ohne Ende

Hätten die schweren Jahre nicht alles zerstört, das Gute als Lüge, den glücklichen Zufall als Manipulation enttarnt, den Anfängen dieser Geschichte könnte man eine eigenwillige Romantik nicht absprechen. Wäre ich nicht geboren worden, hätte das Unglück meines Vaters beschränkt sein können. Es kam anders. Heute treiben uns die Erinnerungen an die Anfänge eines Glücks, das sich zum größten Unglück einer tragischen Existenz entwickelte, Tränen in die Augen. Er gab meiner Mutter alles, was er hatte. Liebe. Verlässlichkeit. Geborgenheit. Jahrelang versuchte er das Unmögliche, nahm unfassbare seelische Qualen, körperlichen und finanziellen Schaden in Kauf, um sie zu retten. Ein hoffender Mensch kann viel ertragen, mein Vater ging in seiner Leidensfähigkeit an alle Grenzen. Beinahe ungläubig zur Kenntnis nehmend, was tatsächlich geschieht, fiel später alle Leichtigkeit von ihm ab. Fassungslos blickt er auf ein Leben zurück, das eine Ansammlung feindseliger und grausamer Umstände zu sein scheint, ein hundertfacher Verrat mit katastrophalen Folgen, verursacht durch einen Menschen, dem die Drogen stets wichtiger waren als alles andere.

Entschuldigungen und Rechtfertigungsversuche für die Sucht meiner Mutter gibt es für uns nicht mehr. Der Partner, das Kind waren tausendfach weniger wert als der nächste

Heroinschuss. Das ist die beinahe simpel klingende Wahrheit. Doch die Ungläubigkeit über diese Erkenntnis, die man verzweifelt und mit allen Mitteln zu bekämpfen versuchte, träufelte Gift in die Herzen. Die Bitterkeit, der Hass lasten heute schwer auf meinem tapferen Vater, und nur noch selten findet er die Kraft, um die besseren Momente der ersten Jahre Revue passieren zu lassen, so wie sie auch für mich nur noch schemenhaft existieren, als verblassende Erinnerungen an meine ersten Lebensjahre, von denen ich manchmal nicht weiß, ob sie den Tatsachen entsprechen oder der bloßen Einbildungskraft entspringen. In dunklen Stunden, wenn ich besonders vergesslich werde, ziehe ich ein Fotoalbum hervor, das die ruhigere Zeit in Bild und Schrift beweist.

Auf dem Einband ist eine reich verzierte Wiege mit einem Baldachin aus Spitzenstoff abgebildet: Ein zufriedener Säugling blickt mit großen Augen aus den Kissen. Rundherum fliegen Kolibris, bunt gefiederte Vögelchen und Kirschblüten durch einen frühlingshaften Himmel. »Michelle Halbheer: Geboren am 14. Mai 1985« steht auf der ersten Seite im Innern des Buches mit blauem Filzstift geschrieben. »Fünfzig Zentimeter lang, 3,8 Kilogramm schwer.« Ein gesundes Kind. Die eingeklebte Geburtsanzeige gestaltete die junge Mutter selbst. Aus pinkfarbener Wolle strickte sie winzige Pullover, denen zwei zurechtgeschnittene Zahnstocher als Stricknadeln dienten.

Das dunkelhäutige Baby mit dem weichen Kraushaar schlich sich unverhofft in das Leben der Eltern, seine Ankündigung war ein Triumph, aber auch ein medizinisches Wunder, behauptete Sandrine doch stets, sie könne aufgrund einer Eileiterbvernarbung unmöglich schwanger werden, was meinen

Vater zu einem sorglosen Umgang mit ihr animierte. Doch die Freude über meine Ankunft war dennoch groß, wie mir immer wieder versichert wurde. Das Kind liegt schlafend auf der Brust des stolzen Papas, oder es sitzt zufrieden in einem Kinderstuhl. Sein Heranwachsen wurde in den ersten Monaten in einer Tabelle festgehalten, doch dieses strukturierte Vorgehen entsprach Mutter nicht, und sie ließ es bald bleiben. Festgehalten wurde jedoch mein erstes gesprochenes Wort. In Erinnerung an die entbehrungsreichen Jahre, die folgen sollten, machten sie durchaus Sinn: »mehr«. Die Geschenke, die ich erhielt, wurden minutiös vermerkt: Finklein, ein Plüschbär, den ich noch immer besitze, sowie winzige Ohrringe aus Gold in Elefantenform, die inzwischen auf der Gasse versilbert worden sein müssen. Das erste Blümlein, das ich Mama pflückte, wurde gepresst und eingeklebt, es verschwand im Lauf der Jahre ebenfalls: Ein getrockneter Leimfleck erinnert an diese Geste meiner frühen Zuneigung, die so lange Zeit grenzenlos blieb.

Ich liebte meine Mutter über alles, daran erinnere ich mich mit Schmerz und Wehmut. Sie roch so gut. Sie hob mich in die Luft, und ich vertraute ihr blind. Sie bedeckte mich mit Küssen, umschlang mich mit ihren Armen, maßlos in ihrer Liebe zu mir und immer auf der Suche nach dem Glück, das sie genauso wie das Unglück wie durch eine Lupe stärker und intensiver wahrzunehmen schien als andere Menschen. Die guten Erinnerungen symbolisieren für mich heute den Versuch meiner Mutter, ein normales Leben zu führen. Ein Vorsatz, der fulminanter nicht hätte scheitern können, und die lichten Momente sind heute auch ein trauriger Nachruf auf alles, was mir später abhandengekommen ist.

Meine Eltern zogen nach der Hochzeit in eine kleine Wohn-
siedlung an die Peripherie von Zürich. Vaters Wunsch nach
einem geregelten und beinahe gutbürgerlichen Leben schien sich
zu erfüllen. Die Rasenflächen zwischen den modernen Häusern
präsentierten sich sauber und saftig, die übrigen jungen Familien, die dort mit ihren Kindern lebten, gehörten, so ähnlich wie
wir, dem Mittelstand an, und die dunkelhäutige Frau mit dem
putzigen Baby war ein gern gesehener Gast in den gepflegten
Heimen der anderen Mütter. Ich erinnere mich an Ausflüge mit
den Eltern, an einen mir endlos erscheinenden Sommer mit
einem Planschbecken im Garten und einem Sandkasten, der
über Nacht sorgsam abgedeckt wurde. Meine Mutter las mir
Geschichten vor und brachte mir die ersten Lieder bei. Die Stimmen meiner Eltern, die sich neckten, stritten und sich später lachend küssten, bleiben mir für immer in Erinnerung.

Vater arbeitete als Akkordmaurer, seine Frau betätigte sich
ausschließlich als Hausfrau und Mutter. Sie kochte die besten
Rahmschnitzel der Welt. Sie war eine talentierte Strickerin,
und meine Garderobe war dementsprechend elaboriert. Einmal buken wir Kekse. Ich durfte Butter, Mehl und Eier ver-
kneten, und zusammen stachen wir aus dem goldgelben Teig
Tiere und Sterne aus, die wir allesamt aßen, bevor Papa nichts
ahnend nach Hause kam. Die Wohnung, lichtdurchflutet und
modern, wurde wöchentlich gereinigt, mein Zimmer war spärlich eingerichtet, jedoch stets ordentlich und sauber. Zu meinem Geburtstag lud Mutter die Kinder der Siedlung ein und
servierte eine selbst gemachte Torte. In späteren Jahren sagten
die Geladenen weder zu noch ab, blieben jedoch allesamt meinem Fest fern, weil ihnen der Umgang mit mir verboten und
mein Zuhause zur Gefahrenzone erklärt worden war.

Die junge Sandrine trug poppige Kleidungsstücke im New-Wave-Stil, und sie war im Besitz einer beachtlichen Sammlung von hochhackigen Schuhen in allen Farben. Die Fotografien zeigen eine hübsche, gepflegte Frau. Nur der Blick – intelligent und widerspenstig – lässt erahnen, dass bald anderes sie beschäftigt haben muss als der bloße Gedanke, wie man Mann, Kind und Nachbarn zufriedenstellt. Ob die Fassade aus bemaltem Karton war, die beim nächsten Windstoß zusammenfallen musste? Wie sah es in ihrem Innern wirklich aus? Waren die geordneten Verhältnisse ein Trugschluss, ein Ignorieren ihrer Persönlichkeit? Nährten die luftigen Gardinen, der akurat geschnittene Rasen, die Routinen und die Rechtschaffenheit den Aufruhr, beschleunigten sie den Drang, alles hinter sich zu lassen? Wie viele Stunden stand sie gelangweilt und innerlich leer mit dem Baby auf dem Arm am Fenster, mit Blick in ein Dasein, dem sie sich nicht zugehörig fühlte, und in der innigen Hoffnung, es möge endlich etwas geschehen?

Mit dem Einverständnis meines Vaters und im Willen, eine Abwechslung vom Alltag herbeizuführen, arbeitete Mutter bald zweimal pro Woche in einer Bar. Sie habe wiederholt von rassistischen Übergriffen berichtet und sei bei ihrer Rückkehr öfters alkoholisiert gewesen, wollte aber unter keinen Umständen auf diese Tätigkeit verzichten, berichtete mir Papa später. In einer dieser Nächte ereignete sich ein dramatischer Zwischenfall: Nach wiederholten sexuellen Belästigungen durch einen Stammgast zerschlug Mutter im Bruchteil einer Sekunde ein Bierglas an der Tischkante und attackierte ihren Widersacher heftig mit dieser tödlichen Waffe. Der Schwerverletzte musste sich einer fünfstündigen Operation unterziehen und ging später rechtlich gegen Mutter vor, die allerdings in allen Instanzen freigesprochen wurde, da sie in Notwehr gehandelt hatte, wie das Gericht befand. Ob Mutters Rage durch diesen Vorfall entfacht wurde, weiß ich nicht genau, aber das gewalttätige Ereignis steht in meiner Erinnerung in Zusammenhang mit einer Zäsur im Leben meiner noch jungen Eltern, und es ist anzunehmen, dass Mutter spätestens ab diesem Zeitpunkt erneut in Kontakt mit harten Drogen geriet: Nach einer ärztlichen Untersuchung hatte man ihr eröffnet, sie sei HIV-positiv. In den späten Achtzigerjahren handelte es sich bei dieser Diagnose um ein Todesurteil, das innerhalb weniger Jahre vollstreckt werden würde.

In meiner Wahrnehmung war Mutter in dieser Zeit schwanger. Die Ärzte beschieden den Eltern, das Baby würde die Geburt nicht überleben oder hätte aufgrund der großen Ansteckungsgefahr ein kurzes sowie leidvolles Leben vor sich. Da befürchtet wurde, dass die Anstrengungen von Schwangerschaft und Geburt die Aidserkrankung auslösen könnten, die Kinder bald als Halbwaisen und der Mann als Witwer weiterleben müssten, entschieden sich die Eltern – so wurde mir später erzählt – schweren Herzens für einen Abbruch: Am Geburtstag von Papa, den er seither nie mehr feierte, opferte man das Ungeborene zugunsten der Mutter und Ehefrau. Die dramatischen Details und Konsequenzen dieser Entscheidung sind mir nicht im Detail bekannt. Ich erinnere mich, dass mich Mutter nach der Rückkehr aus dem Krankenhaus mit Geschenken überhäufte, eine Geste, die ich als Kleinkind nicht zu deuten wusste, aber in den folgenden Monaten bemerkte ich, wie die Eltern viel weinten und sich zunehmend in heftige Streitigkeiten verwickelten.

Mutters Temperament, das nun auch in nüchternem Zustand explosive Züge aufwies, trat im Umgang mit mir öfters zutage. Ihr Zorn konnte durch einen zufällig fliegenden Funken entzündet werden, und eine einfache Verärgerung artete leicht in große Aggressivität aus. Sie schien in solchen Situationen wie von Sinnen, und es ließ sich erahnen, welch gewaltige Kräfte diese Frau entwickeln konnte, würde sie jemandem tatsächlich Schaden zufügen wollen.

Das Dasein verlief in den ersten vier Lebensjahren scheinbar geordnet: Die Fotografien meiner frühen Kindheit zeigen ein Mädchen in einem bestickten Trachtenkleidchen. Ich sitze breitbeinig und sicher auf einem Dreirad. Oder ich bin artig frisiert ins Bild gerückt, halte eine Eiswaffel oder meinen Plüschbären in die Luft. Heute weiß ich, dass die Idylle bereits unsichtbare Risse aufwies, und bald produzierte Mutter mit der Kamera surreale Momentaufnahmen, die auf eine andere Wahrnehmung der Welt hindeuteten: zerfließende Zimmerpflanzen, eine überbelichtete Fratze und ein Gesicht als bunte Pfütze – ein Bild, das ich keinem Menschen zuordnen kann, den ich kenne. Und anderes hielt sie fest: Wie ich, von zwei großen Hunden verfolgt, durch den Garten renne oder wie ich in halsbrecherischer Höhe ungesichert auf einer Kletterstange sitze mit einem Gesichtsausdruck, der Angst und Unwohlsein verrät. Die Fotografien wurden mit Unterzeilen versehen, doch später strich Mutter das Geschriebene im Drogenwahn durch, beurteilte das Gewesene mit wirren Kommentaren und unzähligen Schandwörtern neu, mehrere Seiten im Album sind heute blutverschmiert.

Während sie dünner wurde, warf ihre grazile Silhouette immer länger werdende Schatten in unser Dasein, und die Unberechenbarkeit hielt Einzug in mein Leben. Fünfjährig, sollte ich einen ersten Pass erhalten, wir fuhren zusammen in die nahe Stadt. Gekämmt und hübsch gekleidet, spazierte ich in übermütiger Vorfreude auf dieses Ereignis an ihrer Hand zum Fotoautomaten, durfte den Drehsitz hochschrauben, die Einfränkler einwerfen. Posierend und ernst dreinblickend, blendete mich das Blitzlicht. Nachdem der erste Streifen mit vier kleinen Bildern Minuten später in der dafür vorgesehenen Öffnung gelandet war, beschloss Mutter eine zweite, gemeinsame Serie, die sie »Spaßbilder« nannte.

Zusammen saßen wir nun auf dem Hocker. Der zugezogene Vorhang schützte uns vor den neugierigen Blicken der Passanten. In dieser abgeschlossenen Intimität, auf ihren Knien sitzend, nahm ich ihren Geruch zum ersten Mal als ungewohnt wahr. Die Frau, auf deren Schoß ich saß, roch nicht wie meine Mutter. Sie schwitzte stark, zwang meine Wange gegen ihr nasses Gesicht. Reflexartig wandte ich mich ab und versuchte, mich aus der Umarmung zu befreien. Bereits wütend, befahl sie mir zu lachen und versetzte mir einen Klaps auf den Hinterkopf, eine in letzter Zeit immer häufiger vorkommende Warnung, mich so zu verhalten, wie sie es forderte. Die Passbilder zeigen Mutter und Tochter. Lachend, aneinandergeschmiegt, ein Herz und eine Seele. Ich wusste: Es ist eine Lüge.

Mutters Wunsch, aufs Land zu ziehen, könnte man positiv interpretieren: In einem Anfall von Vernunft versuchte sie, sich jenen Risiken und Gefahren zu entziehen, die in Stadtnähe lauerten. Doch sie fürchtete die soziale Kontrolle, denen das zunehmend seltsame Verhalten der dunkelhäutigen Nachbarin nicht entging. Das winzige Dorf befand sich im Berner Oberland: Nur wenige Höfe lagen verstreut in grüner Landschaft, Molkerei, Gartenwirtschaft, der kleine Einkaufsladen säumten den Hauptplatz. Kein Postauto existierte, das Fremde hierher- oder die Einheimischen aus dem Dorf wegführte. Das uralte Bauernhaus stand in ländlicher Idylle in einem kleinen Weiler. Um zwei Wohneinheiten zu gestalten, hatten die Besitzer eine Holzwand durch das verschachtelte und nun geteilte Gebäude mit den vielen kleinen Zimmern gezogen, die sich über mehrere Stockwerke verteilten.

Anfänglich waren uns die Nachbarn freundlich gesinnt, doch im Verlauf der folgenden Jahren wurden sie Zeugen von unglaublichen Szenen und damit verbundenen Polizeieinsätzen, die sie in Schrecken und Unmut versetzten. Zwei Tage nach unserem Einzug strich Mutter die Küche gelb. Es blieb in meiner Wahrnehmung die einzige häusliche Intervention dieser Jahre. Anfänglich gab es noch Routinen und einige Regeln, der Fernsehkonsum war beschränkt, ich trug saubere Kleidung, musste mir die Zähne putzen. Vater und Mutter achteten darauf, dass ich mich im Umgang mit anderen manierlich verhielt, jedoch – daran erinnere ich mich jetzt – hielt es Mama für wichtig, dass Erwachsene nicht unhinterfragt als Autoritätspersonen akzeptiert werden, auch Kinder ein Recht auf Widerspruch und eigene Gedanken haben und in diesem Sinn auch Kritik äußern dürfen.

In dieser Haltung ermutigte sie mich, bei anderen Gelegenheiten wies sie mich scharf zurecht: Einmal riss ich einer Fliege die Flügel aus. Mutter nahm mich entsetzt zur Seite, zupfte mich an den feinen Härchen meiner Schläfe und fragte, ob sie ein Haar ausreißen solle, damit ich den Schmerz der malträtierten Fliege nachempfinden könne. Ich schüttelte verzweifelt den Kopf und beherzigte ihre Worte, künftig allen Lebewesen mit dem gleichen Respekt zu begegnen. Solche Erinnerungen lösen eine brennende Sehnsucht in mir aus, weil sie die Persönlichkeit meiner Mutter offenbaren und ihren damaligen Wunsch, mir Werte zu vermitteln.

Ihr späterer Lebenswandel trug nicht zur Verbesserung der Toleranz einer Dorfgemeinschaft bei, in der keine anderen Ausländer lebten und familiäre Probleme hinter den urchigen Haustüren ausgetragen wurden. Aber bereits bevor die Dinge zu Hause außer Rand und Band gerieten, sorgten die Zugezogenen für Geschwätz. Welche unfreundlichen Vermutungen und Urteile man zu den beiden exotisch anmutenden weiblichen Familienmitgliedern anstellte, wurde mir ungefiltert durch den Nachwuchs vermittelt, und bereits im Kindergarten blieb ich – zusammen mit dem zweiten Außenseiter, einem Jungen, der sich am liebsten in der Puppenecke aufhielt – immer allein. Schließlich weigerten sich die anderen Kinder, mich zu berühren. Das Argument lautete, ich sei schmutzig. Der Beweis? Meine dunkle Hautfarbe.

Diesen Vorfall erzählte ich Mutter, und bei dieser Gelegenheit verteidigte sie mich sogar, indem sie am nächsten Tag im Kindergarten vorstellig wurde, alle zum Lavabo zitierte und ihre eigenen Hände mit Seife einschäumte. Die Mädchen und Buben taten nun, was ihnen die fremde Frau befahl. Sie versuchten, Mutters Hautoberfläche vom Schmutz zu befreien, und stellten dabei fest: Der vermeintliche Dreck war offenbar auch mit viel Seife nicht abwaschbar, der Grund für die dunkle Hautfarbe musste also ein anderer sein. Der so erbrachte Beweis für meine Sauberkeit führte dazu, dass die anderen nun manchmal mit mir spielten. Die Abneigung einiger Dorfbewohner blieb intakt, und den später stattfindenden Attacken von manchen Mitschülern blieb ich bald ohne mütterlichen Schutz ausgeliefert.

Vater arbeitete zehn Stunden pro Tag. Mutter blieb fordernd und anmaßend in ihren Wünschen nach einem Mann, der viel Zeit mit der Familie verbringt, andererseits genügend Geld verdient, ein sorgloses Leben zu ermöglichen. Im zweiten Jahr auf dem Land erinnere ich mich nur bruchstückhaft an ihre Präsenz im Alltag und sehe sie mehrheitlich schlafend vor mir; in einem ewigen Dämmerzustand, zu keiner Handlung mehr fähig, trank sie nun regelmäßig Sirup aus einem winzigen Becher. Es handelte sich um die Ersatzdroge Methadon, ein synthetisch hergestelltes Opioid, das auch viele andere Süchtige nicht davon abhalten konnte, weiterhin oder erneut harte Drogen zu konsumieren, wie ich heute weiß. Die Bewegungen wie in Zeitlupe, die Sprache unklar und der bisher so scharfe Blick aus schwarzen Kirschaugen verschwommen, schlief Mutter nun während einer Tätigkeit mitten in der Bewegung ein. Wenn ich sie weckte, mit der kindlichen Forderung nach Beschäftigung, weil ich hungrig oder durstig war, reagierte sie ungehalten, und stets bestritt sie vehement, geschlafen zu haben, eine Behauptung die mit der Forderung verbunden war, Papa auf keinen Fall von ihrer Untätigkeit zu berichten. Ich wurde zur stillen Mitwisserin ihrer unendlichen Müdigkeit, die in meiner Wahrnehmung vieles weniger werden ließ: ihre Zuneigung, ihre Fürsorglichkeit, ihr Lachen, ihre Lebendigkeit und ihre Schönheit.

Und doch war dies mein Zuhause und die Art, wie Mutter agierte, meine Normalität und meine Wahrheit. Die Überzeugung, dass dies ein normales Familienleben sei, die Welt aller Erwachsenen so oder ähnlich funktioniere, begleitete mich

34

lange Zeit. Es gab wenig Möglichkeiten, um zu vergleichen; wie andere Menschen lebten, welchen Regeln und Routinen sie folgten, wie sie miteinander umgingen, wusste ich nicht, da wir kaum Kontakt zu den anderen Dorfbewohnern pflegten. Was ich im Kindergarten feststellte: Die anderen trugen kleine Taschen umgehängt, in denen sich verpackte Brote oder Kuchenstücke befanden, die sie in der Pause verzehrten. Meine Umhängetasche war meist leer. Der zweite Unterschied betraf die Frisuren der Mädchen. Die glatten blonden oder braunen Haare der Mädchen, zur frühmorgendlichen Stunde gescheitelt, mit einem nassen Kamm glatt gekämmt und von den Müttern zu zwei ordentlichen Zöpfen geflochten, beeindruckten mich. Meine Mähne hing meist ungekämmt über die Schultern. Um dem allgemeinen Bild zu entsprechen, vielleicht auch, um eine Fürsorglichkeit vorzutäuschen, die nur noch selten existierte, begann ich mich später selbst zu frisieren. Das Resultat – ein Zickzackscheitel, schiefe Zöpfe und verschiedene Spangen, die ich mir willkürlich in das Haar geklemmt hatte – sorgte bei meiner Rückkehr am Mittag für wenig Begeisterung. An der Schwelle zu einem Wutausbruch, begann Mutter das Kunstwerk schweigend aufzulösen und ab der Kopfmitte grob durchzukämmen: bei dichter und lockiger Haarqualität handelt es sich dabei um ein schmerzhaftes Prozedere, wie sie selbst nur allzu gut wusste. Ich spürte ihre Verärgerung hinter dieser Aktion und spürte instinktiv, dass sie mich für ihre eigene Unzulänglichkeit bestrafen wollte.

Ihre Gedankengänge und Reaktionen wurden zunehmend unberechenbar. Als kleines Kind konnte ich dies so nicht benennen, doch immer öfters ergriff mich Unsicherheit und Angst, wenn Mutter in meiner Nähe war. Unordnung und

Abfall breiteten sich im Haus aus, geputzt wurde nur noch selten. Die Katzen warfen ihre Jungen am einzigen Ort, der ihnen reinlich genug erschien: in meinem Kleiderschrank. Noch wiegte sich Vater in der falschen Hoffnung, das Schreckliche möge nicht wahr sein, und konzentrierte sich auf die offensichtlichen Verfehlungen seiner Frau, die eine ausgeprägte Kaufsucht entwickelt hatte. Trotz Ermahnungen und inständiger Bitten konsumierte sie während Monaten beinahe wahllos, was die freie Warenwelt zu bieten hatte. Sie beteiligte sich an Schneeballsystemen, orderte via Teleshopping Unbrauchbares in großen Mengen: Ob der Brusteinlagen, Staubwedel, elektrischen Rührbesen und exotischen Haarteile in allen Farben quoll das Häuschen bald über, während es am Lebensnotwendigen zunehmend fehlte. Einmal entdeckte mein Vater fünfzig Flaschen Markenparfüm in einem Versteck, zwei Wochen später lieferte ein Lastwagen dreihundert Portionen Katzenfutter an.

Papa war außer sich, vor allem, weil im Kühlschrank bis auf ein paar verschimmelte Kartoffeln nun meist gähnende Leere herrschte, er nach der Arbeit immer öfters zu Putzzeug und Pfannen greifen musste, um mir einen Teller Reis oder Teigwaren zu kochen und danach mein kindliches Bedürfnis nach Liebe und Aufmerksamkeit zu stillen. Nur noch selten fabrizierte Mutter eine Mahlzeit, mit meist ungenießbarem Resultat. Einfachste Verrichtungen, das Zusammenfalten eines Kleidungsstückes, das Einstecken des Staubsaugers oder das Streichen eines Butterbrotes, aber auch Wichtigeres erwiesen sich als Aufgaben, denen sie nicht mehr gewachsen war. Jahre später las ich von einem wissenschaftlichen Experiment in den frühen Achtzigerjahren: Einer gesunden Spinne, die bis anhin perfekte, wundervolle Netze wob, wurden winzige Mengen Heroin verabreicht, die im Mengenverhältnis dem menschlichen Konsum entsprachen. Bald wies das neu gesponnene Netz Unregelmäßigkeiten auf, war löchrig, und nach wenigen Wochen schuf das Tier nur noch ein chaotisches Fragment aus wenigen, ungeordneten Speichelfäden, ein trauriges Gebilde. Zur Nahrungsbeschaffung komplett untauglich, verursachte es den sicheren Tod der Spinne – und ihrer Nachkommen. In dieser Zeit starb ich beinahe an einer schweren Blutvergiftung. Extreme Schmerzen und starke Übelkeit relativierte Mutter tagelang als Simulantentum. Endlich im Krankenhaus, breitete sich die Vergiftung bereits in der Hüfte und dem dortigen Lymphsystem aus. Die Notfallärzte herrschten die Eltern an, ich hätte die nächste Nacht nicht überlebt. In den folgenden Tagen musste ich ohne Narkose mehrere Kniespülungen über mich ergehen lassen. Ich litt Höllenqualen, und meine Schreie führten dazu, dass Mutter vor Publikum unter Wehklagen in Ohnmacht fiel.

Das Böse bahnte sich unaufhaltsam den Weg in unser Leben. Im Nachhinein kann ich sagen: Mutter wehrte sich nicht. Nicht für sich und nicht für uns. Sie verfügte über Erfahrungen mit harten Drogen, wusste, dass sich das Ausmaß der Katastrophe mit Verzug entfaltet, in der Schonfrist Narrenfreiheit herrscht, weil sich alles leugnen und vertuschen lässt, auch wenn das Offensichtliche bereits auf der Hand liegt. Sie wusste, dass man sich den Anfängen mit aller Kraft entgegenstellen muss, ansonsten ein Unglück droht, das alles auflösen wird: die Menschlichkeit und die Fürsorglichkeit, den Anstand und die Moral. Sie wusste es, als sie sich mit den immer gleichen Rechtfertigungen vor sich selbst und in stillen Vorwürfen, die meinen Vater schuldig sprachen, einen ersten Schuss setzte, dem tausend weitere folgten. Man kann jene, die an einen glauben und das Schreckliche nicht wahrhaben wollen, lange Zeit belügen, betrügen, bestehlen. Nicht um meinen Vater zu schonen, sondern um sich seiner Kritik zu entziehen, vertuschte Mutter die Tatsachen so lange, bis es zu spät war. Auch für mich, die sie in den Abgrund mitriss, uneinsichtig und mitleidlos.

Heroin, das stärkste Opiat überhaupt, ist eine Droge, die so süchtig macht, dass Menschen, die ihr verfallen, ihre Kinder verhungern und verdursten lassen, für einen Schuss zu Mördern werden, sich für zehn Franken prostituieren. Die Belohnung ist ein Zustand, der als göttliche Erfüllung beschrieben wird, mit einem Aufenthalt im Mutterleib vergleichbar oder mit einem hundertmal größeren Glück, als man es jemals zuvor empfand. In Wirklichkeit entspricht diese Sucht dem Bedürfnis nach einem gefühllosen Zustand, der völligen Loslösung von der Umwelt und dem Verlust aller Wahrnehmung, die einem mit dem Leben und seinen Forderungen verbindet. Nur die Schwächsten finden dies erstrebenswert, jene, denen ein fünfminütiges Ausharren in der Wirklichkeit so unerträglich erscheint, dass sie dieser Angst ihre Existenz opfern.

Neuere Studien besagen, dass neurologische Voraussetzungen die Suchtpersönlichkeit steuern, ein Mangel an Glückshormonen für die Abhängigkeit verantwortlich sei, die als Folge von gestörten Regulationsvorgängen im Belohnungssystem mit Auswirkungen auf Motivation, Gedächtnis und Impulskontrolle betrachtet werden müsse. In diesem Sinn bestimmte die WHO (World Health Organization), dass unter dem Abhängigkeitssyndrom leidenden Menschen keine Willens- oder Charakterschwäche unterstellt werden dürfe. In meiner

Logik heißt es, dass die Süchtigen keine selbstverantwortlichen Individuen sind, denen man paradoxerweise aber die Kindererziehung überlässt. Vermutlich lebten jene, die diese Definitionen ausarbeiteten, auch nicht jahrelang mit einem drogenabhängigen Menschen zusammen. In meiner Wahrnehmung opferte Mutter dem Zustand des Nichtseins – freiwillig und mit großer Entschlusskraft – alles.

# Frühe Schicksalsjahre

Sechsjährig, machte ich einen folgenschweren Fund. Unsere Möbeleinrichtung stammte aus diversen Brockenhäusern, und manch gut erhaltene Stücke erhielten meine Eltern von Kollegen. Beim Prunkstück des gemütlichen Mobiliars handelte es sich um eine weiß lackierte Wohnwand mit stuckaturverzierten Spiegeln. Die wie aus Zuckerguss hingespritzten Ranken und Rauten begeisterten mich ebenso wie die in den einzelnen Fächern untergebrachten Errungenschaften: ein Videogerät und ein CD-Player. Als Kleinkind schuf mir ein erstes Baby-Kassettengerät mit einem pinkfarbenen Mikrofon eine musikalische Grundlage, die sich später als wertvoll erweisen sollte. Meine damals tausendfach aufgenommene und wieder abgespielte Stimme schulte mein Gehör früh, und noch heute erkenne ich den gesungenen Misston sofort. Irgendwann wurden die Batterien meines Lieblingsspielzeugs nicht mehr ersetzt, und nach Jahren, in denen ich Papas Schellackplatten aus den Plattenhüllen gezogen, heimlich auf den Plattenteller platziert und die Nadel vorsichtig daraufgesetzt hatte, um die Klänge von Led Zeppelin und Tina Turner in mich hineinsickern zu lassen, eröffneten mir die neuen, silberfarbenen Scheiben den Zugang zur rätselhaften Gefühlswelt der Erwachsenen. Hymnen wie »Stairway to Heaven« oder David Bowies »Moonage Daydream« sind für mich bis zum heutigen Tag mit dem Niedergang meiner Familie verbunden.

Wie so oft schob ich an diesem späten Nachmittag eine Haarspange in den Videorecorder. In der kindlichen Hoffnung, die Silhouette des Objektes möge bald auf dem schwarzen Bildschirm erscheinen, vertrieb ich mir mit diesem Spiel regelmäßig die Zeit. Das Vorhaben misslang, und da es mir eigentlich verboten war, mit den technischen Gerätschaften der Erwachsenen zu hantieren, musste die Klammer auch wieder entfernt werden, was sich diesmal als schwierig erwies. Ich zog die schwarze Box hervor, drehte, wendete und schüttelte sie so lange, bis die Klammer zu Boden fiel – und mit ihr ein mir unbekannter Gegenstand, den ich sofort als Geheimnis erkannte, das ich aus seinem Versteck befördert hatte. Zwei Stufen auf einmal erklimmend, rannte ich ins elterliche Schlafzimmer im oberen Stockwerk, weckte meinen Vater, der sich kurz hingelegt hatte, und hielt ihm meine Entdeckung vor das Gesicht. Ich sehe Papa noch heute vor mir, wie er sich mit einem gewaltigen Ruck aufsetzte, mir das Fundstück langsam aus der Hand nahm und es sekundenlang mit versteinerter Miene betrachtete: In seiner Hand lag ein Kanülendeckel. Ein durchsichtiger Plastikschutz, in dem eine Injektionsnadel steril und sicher aufbewahrt werden kann. Er schwieg. Fassungslos. Die Hoffnung auf einen Schlag zerstört, alle Beschwichtigungen als Lüge enttarnt: Schluchzend bestätigte Vater meine Befürchtung, dass etwas sehr Schlimmes geschehen war.

Was ich bis anhin als beängstigende, für mein kindliches Verständnis aber auch als normale Zustände wahrgenommen hatte, erwies sich als Auftakt einer Katastrophe, die sich im grellen Licht der Wahrheit unbändig verhielt. Gewohnt, einen Fehler gutzumachen, indem man sein Verhalten zu ändern versucht, stellte ich fest, dass der schreckliche Fund bei meiner Mutter das Gegenteil bewirkte: Sie agierte von nun an entfesselt und wie befreit. Heute weiß ich: Sie ließ sich abermals in ein Methadonprogramm aufnehmen, aber wie die meisten Süchtigen jener Zeit verscherbelte sie die Ersatzdroge bald auf dem Zürcher Platzspitz, um an Bargeld zu gelangen, oder sie konsumierte das Methadon in einem lebensgefährlichen Mix mit anderen harten Drogen: Heroin und Kokain. Diese selbstmörderischen Cocktails trieben sie später in psychotische Zustände, an den Rand des Wahnsinns und in den folgenden Jahren unzählige Male beinahe in den Tod.

Innerhalb weniger Monate veränderte sich ihre Persönlichkeit. Während ihr Äußeres in hübsche Kleider gehüllt blieb, die Lippen manchmal noch rot schimmerten, die Augen mit Kajal umrandet waren, wurde sie krankhaft egomanisch und zunehmend unberechenbar im Umgang mit Vater und mir. Wie die meisten Junkies schreckte sie vor keiner Lüge, keinem Diebstahl und keinem Verrat zurück, um ihre Sucht zu befriedigen. Die Ersparnisse längst heimlich für den Drogenkauf entwendet, betrog sie Vater in den folgenden Jahren um den hart erarbeiteten Lohn und meine Großmutter um Zehntausende von Franken. Oma tolerierte das längst auffällige Verhalten ihrer Schwiegertochter, damit die Verbindung zu Sohn und Enkelin nicht abbrechen möge. Sie blieb nebst meinem Vater die einzige verlässliche Bezugsperson in meinem Leben. Die wenigen verbliebenen Kontakte zu Erwachsenen brachen in den folgenden Monaten ab, sogar Mamas geliebte Schwester, die es trotz der widrigen Umstände in der Kindheit zu Wohlstand und Ansehen gebracht hatte, distanzierte sich von uns. Den Kindern im Dorf wurde der Aufenthalt bei mir zu Hause bald verboten, und ich selbst war kein gern gesehener Gast mehr bei meinen Kollegen. Die desolaten Zustände im Hause Halbheer drangen immer öfter nach außen und setzten offensichtlich auch den Hartgesottenen zu, vielleicht distanzierten sie sich auch aus Angst, Faulheit oder Feigheit.

Allein Oma hielt zu uns. Sie litt für mich und für ihren Sohn, dem das Leben ebenfalls entglitt, dessen Kraft nach arbeitsreichen Tagen kaum ausreichte, um das Kind zu versorgen, die Frau zu zähmen, die jetzt auch tagelang verschwand. Einmal reinigte Großmutter die in Chaos und Dreck versinkende Wohnung. Zehn Stunden lang. Mutter duldete diese Hilfeleistung so lange, bis die letzte Mülltüte entsorgt und die Putzeimer schleppend verstaut waren. Danach erschien sie verschlafen und mit wirrem Haar auf dem Treppenabsatz, beschuldigte, beleidigte und bedrohte Großmutter so ausgiebig, bis diese heftig schluchzend das Haus verließ. Doch sie kam wieder. Oma blieb mein Ein und Alles. Sie entschädigte mich für vieles: Falsches Mitleid für meine Situation kannte sie nicht. Sie half mir durch ihre schnörkellose Präsenz, zeigte mir, was Menschlichkeit und Empathie bedeuten. Sie erzählte mir Geschichten und kochte mein Lieblingsessen. Sie tat, was ich später verlernte und wofür mir bereits als kleines Kind die innere Ruhe fehlte: Sie spielte mit mir und ermunterte mich, eigene Fantasiewelten zu kreieren. Sie gab mir damals die Stärke, um alles, was noch kommen sollte, durchzustehen, und im Nachhinein betrachtet, ist es auch ihrer Liebe zu verdanken, dass ich meine Kindheit überlebte. Die einzige Unterstützung wurde mir – ein Jahr nach dem folgenschweren Fund – durch jene Person geraubt, der ich inzwischen gleichgültig zu sein schien.

Mein siebter Geburtstag wurde mit einer Torte nachgefeiert, die nicht Mama gebacken hatte, und das entsprechende Bild in meinem Album lässt nicht erahnen, was sich wenige Tage zuvor ereignet hatte: Oma war mit mir in die nächstgelegene Stadt gereist. In den Auslagen des teuersten Schuhgeschäfts lagen winzige Lackschuhe mit goldenen Schnallen, Stiefeletten mit Knöpfen und Pantoffeln aus purpurfarbenem Plüsch. Im Stuhl sitzend, blickte ich auf meine zerschlissenen Turnschuhe. Scham und Vorfreude mischten sich bei der Anprobe weißer Riemchensandalen, die mit ausgestanzten winzigen Schmetterlingen aus echtem Leder verziert waren. So etwas Schönes hatte ich noch nie gesehen. Ich bezweifelte, ob ein solcher Luxus für mich bestimmt sein könnte. Doch Großmutter bestand auf den Kauf, und als wir nach Hause fuhren, trug ich das kostbare Geschenk bereits an den Füßen. Daheim angekommen, verstrichen keine fünf Minuten, als draußen eine Autotür knallte. Mutter verfügte über einen siebten Sinn, wenn mir etwas Gutes geschah, das sie mir nicht bieten wollte und mir in der Folge immer häufiger auch verdarb. Die Gründe für ihre unberechenbaren Zustände ließen sich auch mit viel Erfahrung nicht entschlüsseln, da sie längst keinen verbindlichen Regeln mehr folgten. Was ich hingegen blind erkannte, war ihre Aura, wenn sie Ungutes erahnen ließ, was sich in einer übermäßig aufrechten und ausladenden Körperhaltung zeigte, an ihren durchgestreckten Beinen und akustisch am harten Aufschlag ihrer Schritte. Im Wissen um diese Vorwarnung versteckte ich mich jeweils sofort: zu Hause hinter meinem Hochbett, bei Großmutter hinter diversen Möbelstücken. In Anwesenheit von anderen fasste mich Mutter nicht an. Blaue Flecken oder Striemen verbarg ich unter entsprechenden Kleidungsstücken, und aus Angst vor den angedrohten weiteren Bestrafungen erzählte ich niemandem von diesen Züchtigungen, die in der Abwesenheit von Papa stattfanden.

Nun riss Mutter die Haustür auf, schrie meinen Namen, zerrte mich hinter einer Kommode hervor, und obwohl ich auf einiges gefasst war, überraschte mich die Heftigkeit ihrer Wut, die der Blick auf meine Füße provozierte. Die Beschimpfungen steigerten sich zu einem rasenden Tobsuchtsanfall, und schreiend beschied sie ihrer Schwiegermutter, diese habe nicht zu entscheiden, welches Schuhmodell ich zu tragen hätte. Der wahre Grund für die cholerischen Ausfälligkeiten war mir klar: Mutter hatte die hundert Franken für einen anderen Kauf als neue Sandalen für mich einkalkuliert. Da sich Großmutter dem Befehl widersetzt hatte, ihr das Geld in bar auszuhändigen, riskierte Mutter in den kommenden Stunden, auf den »Aff« zu kommen, wie man jenen zitternden und schwitzenden Zustand nennt, wenn der Körper auf Entzug ist. Ihn fürchtet ein Junkie mehr als alles andere, denn die Drogenbeschaffung wird in dieser extremen Verfassung beinahe unmöglich. Der Streit eskalierte in Anwesenheit meines Vaters, und ich realisierte zum ersten Mal, dass meine irrsinnige Mutter nicht nur eine Gefahr für sich selbst, sondern auch für uns darstellte. Schließlich musste die Polizei alarmiert werden, aber anstatt die offensichtlich unter Drogeneinfluss stehende Frau zur Räson zu bringen, die kurz zuvor verkündet hatte, sie nehme mich mit nach Zürich, auf die Gasse, entschieden die Ordnungshüter anders: Ohne Befugnis, wie ich heute weiß, sprachen sie an Ort und Stelle eine definitive Kontaktsperre aus. Zum einzigen Menschen, der mir in Abwesenheit von Papa bisher Trost und Sicherheit vermitteln konnte: Oma.

Bald verbrachte ich die Tage mehrheitlich auf mich allein gestellt. Papas Idee, mich auf die Baustelle mitzunehmen und in den Unterkünften der Arbeiter unterzubringen, erwies sich nicht als dauerhafte Lösung, und manche Fragen forderten Antworten, die er nicht geben konnte: Wo ist deine Frau? Nach wochenlanger Abwesenheit kehrte sie jeweils in desolatem Zustand zurück, den ich nicht zu deuten wusste, der für mich aber nichts mehr mit meiner Mutter zu tun hatte. Trotzdem liebte ich sie weiterhin und geriet – wie ich im Nachhinein sagen muss – in ein starkes Abhängigkeitsverhältnis, blieb ihren Manipulationen, den Drohungen, der Vernachlässigung machtlos und lange Zeit unfähig zur Kritik ausgeliefert. Jahrelang glaubte ich, die Hauptschuld an einem Unglück zu tragen, von dem ich nicht wusste, ob es tatsächlich existierte, und hätte ich den Verrat begangen und meinen Kummer hinausgeschrien: Der Preis für mein Wohlergehen wäre der Tod derjenigen gewesen, die mich geboren hatte.

Schweizer Zeitungen berichteten schon früher regelmäßig von den katastrophalen Zuständen auf dem Platzspitz, und nachdem ausländische Medien auf die offene Drogenszene mit Tausenden von verelendeten Schwerstsüchtigen aufmerksam geworden waren, sorgte der »Needle-Park« auch weltweit für Entsetzen. Mutter hatte in dieser Hölle gefunden, was sie zum Leben benötigte: Sämtliche Drogen waren rund um die Uhr erhältlich und konnten an Ort und Stelle sofort konsumiert werden. Die Abgabe steriler Spritzen war von einem politisch bürgerlichen Lager indes heftig bekämpft worden. Einen solchen Akt betrachtete man als offizielle Anerkennung einer Problematik, der man überfordert gegenüberstand und mit Repression beizukommen versuchte. Mit schlimmen Konsequenzen für jene, die längst durch alle sozialen Raster gefallen waren. Die stumpfen Spitzen der hundertmal verwendeten Injektionsnadeln wurden an einem Schmirgelpapier angeschliffen, danach fanden sie Verwendung in Dutzenden von Armbeugen und Kniekehlen. Die Übertragung von lebensbedrohlichen Krankheiten als Folge dieser Praxis bezeichnete man später als Kollateralschaden einer ratlosen und verfehlten Drogenpolitik, genauso wie die vielen Fixer, die inzwischen tot waren.

Die bedrohlichen und desolaten Zustände in der offenen Drogenszene schlugen sich auch in den damaligen Statistiken nieder: Bis zu dreitausend Mal jährlich führten ambulante Sanitäter in jener Zeit Wiederbelebungsversuche durch, oft vergeblich. Überdosen, Atemstillstände und andere Begleiterscheinungen des Konsums führten dazu, dass illegale Drogen in der Schweiz zur häufigsten Todesursache bei Männern zwischen 35 und 45 Jahren avancierten. Die Räumung des Platzspitzes fand 1992 in einer Nacht-und-Nebel-Aktion statt. Die Vertreibung der Schwerstsüchtigen geschah ohne die Schaffung eines entsprechenden Hilfsangebots. Vorübergehend entstand in Hinterhöfen und Häusern rund um das Zürcher Langstraße-Quartier eine versteckte Szene, später formierte sie sich beim stillgelegten Bahnhofareal Letten, mit ähnlich desolaten Zuständen wie vorher auf dem Platzspitz.

Nebst dem Methadon konsumierte Mutter bald täglich Heroin oder Kokain, oft auch beides miteinander, und obwohl die Preise in der Zwischenzeit gefallen waren, bedeutete dies monatliche Ausgaben in der Höhe von rund sechstausend Franken. Der Zerfall ihrer Schönheit schritt voran und brannte sich für immer in meinem Herzen ein: Ihr Gesicht verlor die scharfen Konturen von einst. Der Blick, den ich geliebt hatte, früher war er aufgeweckt und neugierig, dann aggressiv und nervös, war nun immer öfter von einer irritierenden Teilnahmslosigkeit. Müsste ich sie heute mit einem Wort beschreiben, ich würde ihren Zustand als »leer« bezeichnen. Befreit von allen Gedanken und Gefühlen, nur noch einem einzigen Bedürfnis verpflichtet: dem Heroin. Ich verlor meine Mutter, erkannte in ihr den Menschen nicht mehr, dem ich als Zweijährige als Zeichen meiner ewigen Liebe ein selbst gepflücktes Blümlein überreicht hatte. Doch die Selbstzerstörung, der mangelnde Respekt dem eigenen Leben gegenüber, hatte den Tiefpunkt noch lange nicht erreicht. Im Nachhinein entpuppten sich diese frühen Jahre als harmloser Auftakt für alles, was noch kommen sollte.

Mutter verschwand immer häufiger. Zu Fuß oder per Autostopp, entschied sie, bei Wind und Wetter, auch in tiefster Nacht, wegzugehen. Wenn sich meine Eltern erbitterte Kämpfe lieferten, fiel nun öfter der Begriff Letten. Ich kannte die Bedeutung nicht, ahnte aber, dass Mutters Abwesenheit – und ihre Rückkehr – mit diesem magischen Wort verbunden sein musste. Vater suchte sie. Nacht für Nacht. In den frühen Morgenstunden kehrte er zurück, arbeitete anschließend zehn Stunden auf dem Bau, versuchte am Abend für mich zu sorgen, um Stunden später erneut wie eine ferngesteuerte Marionette aus dem Haus zu laufen und wegzufahren: Richtung Zürich. Richtung Letten. Die offene Drogenszene und die dort herrschenden unvorstellbaren Zustände wurden zu einem Teil seines Lebens. Was er hasste und fürchtete, musste er genau beobachten, weil es sich bei jeder dieser Gestalten um seine Frau hätte handeln können. Die erzwungene Konfrontation mit den Details einer Hölle, die an Verwahrlosung und Grausamkeit nicht zu überbieten war, veränderte auch sein Wesen für immer. Die Aktionen verliefen fast immer erfolglos, und im Gegenzug begann die verzweifelt Vermisste ihren ganzen Hass auf jenen Menschen zu lenken, der ihr Tun nicht kritiklos akzeptierte, ihre Raserei nicht einfach in Kauf nahm, sich ihrem kompletten Zerfall mit allem, was er zu bieten hatte, entgegenstellte, sie kontrollierte, ihr nachspionierte und das offenbar Unmögliche – die Abstinenz – forderte.

Dem Aufeinanderprallen meiner Eltern gingen nun unmenschliche Kraftanstrengungen voraus. Mutter bezog die dafür notwendige Energie aus den Drogen und der wahnsinnigen Gier nach dem nächsten Schuss. Mein Vater begann in dieser schrecklichen Zeit seine seelische und körperliche Gesundheit aufs Spiel zu setzen: Um mich zu retten, aber auch, weil er sich eine Niederlage nicht eingestehen konnte, vielleicht selbst eine Abhängigkeit entwickelte, zu einem Leiden, das ihn ganz und gar gefangen nahm. Im Rausch entwickelte Mutter unglaubliche Aggressionen, und die Handgreiflichkeiten arteten immer häufiger aus. Unter meinem Hochbett versteckt, hielt ich mir die Ohren zu, doch die Schreie der Eltern hallten tagelang in meinem Innern nach, als wäre meine Seele der Resonanzboden eines Instrumentes.

Mehr als einmal gerieten gewalttätige Kämpfe außer Kontrolle: Durch die verzweifelten Hilferufe meines Vaters alarmiert, lief ich eines Nachts ins Elternzimmer und verständigte auf sein Geheiß die Polizei. Während die Tochter eines senegalesischen Profiboxers im Hintergrund weiter randalierte und meinen Vater mit einem gezielten Faustschlag zu Boden schlug, heulte ich die Adresse in den Telefonhörer. Als die Beamten endlich auftauchten, flaute der Streit bereits ab, doch das verwüstete Zimmer sprach Bände, und Vater lag übel zugerichtet auf dem Bett. Mutter lamentierte tränenreich, tischte den Polizisten unglaubliche Lügengeschichten auf und verlangte – ohne dass sie ein gekrümmtes Haar vorweisen konnte – die sofortige Inhaftierung des Gewalttäters. In Erinnerung an die eindeutige Geräuschkulisse während meines Anrufes, wurde sie dieses eine Mal in die Schranken gewiesen. Bei allen anderen Gelegenheiten gaben die Ordnungshüter dem gepeinigten Geschlechtsgenossen zu verstehen, er sei selbst schuld, wenn er eine solche Furie geheiratet habe. Vater wollte sich auf keinen Fall auf das Niveau seiner süchtigen Frau einlassen, dies auch im Wissen, dass eine einfache Ohrfeige sofort zu einer erfolgreichen Strafanzeige gegen ihn geführt hätte. Meine ganze Kindheit hindurch machte ich die Erfahrung, dass manche Behörden und Helfer einer Frau, die behauptet, es sei ihr Unrecht geschehen, blind Glauben schenken und im Mann ebenso kritiklos den Schuldigen sehen.

In jener Nacht verschwand Mutter einmal mehr und kehrte erst Tage später zurück. Meine Erleichterung vermischte sich mit Entsetzen: Verdreckt, nach Urin stinkend, die Haare verfilzt, das Gesicht aufgedunsen, konnte sie sich kaum auf den Beinen halten, wankte ins Bett und schlief zehn Stunden am Stück. Die folgende Woche verbrachte sie Ruhe suchend – mit einem gebunkerten Drogenvorrat und einer Familienpackung Joghurt – im abgedunkelten Schlafzimmer. Unansprechbar. Sie nahm nichts mehr wahr, und wenn sie mich bei seltenen Gelegenheiten anschaute, glaubte ich in ihrem Blick eine größer werdende Abneigung wahrzunehmen. Ich wurde zu einem Übel, das bereits Dankbarkeit empfand, wenn es ignoriert wurde. Denn genauso unbegründet und maßlos, wie ihr Missfallen über mich hereinbrach, fielen ihre Liebesbezeugungen aus. Sie küsste mich ab, hielt mich mit eisernem Griff umschlungen, flüsterte Koseworte in mein Ohr. »Du bist mein Liebstes, und wenn du nicht mehr bei mir bist, gibt es für mich keinen Grund mehr, zu leben.«

Vater versuchte zu retten, was zu retten war, eine Trennung kam für ihn nicht infrage. Er wusste, Mutter würde alles daransetzen, um mich in ihre alleinige Obhut zu bringen. Nachdem er sich eines Nachts – Mutter hatte den erneuten Gang in die Szene angekündigt – mit seinem Armee-Sturmgewehr im Badezimmer verschanzt und, einem Nervenzusammenbruch nah, damit gedroht hatte, er schieße sich eine Kugel in den Kopf, wenn sie gehe, realisierte ich zum ersten Mal bewusst, dass ein Leben ohne meinen Vater zu einer Gefahr für mich werden würde. Schluchzend und bettelnd saß ich vor der Tür, versprach ihm sogar den Plüschbären und war auch nicht zu beruhigen, als er unversehrt in den Korridor trat, mich in den Arm nahm, mich zu trösten versuchte.

Mein Vater nahm nun seine Suchaktionen erneut auf, und eines Tages beschloss er, mich mitzunehmen. Über den mit dieser Entscheidung verbundenen Erziehungsversuch kann man sich vielleicht streiten. Andererseits trug der ungeheure Schock, den ich als Neunjährige erlitt, vielleicht dazu bei, dass ich im Gegensatz zu vielen anderen Kindern, die bei abhängigen Elternteilen aufwachsen, nie in die harten Drogen abgestürzt bin. Schweigend rasten wir die Autobahn entlang, vorbei an Wäldern, die sich schemenhaft im strömendem Regen abzeichneten, und beinahe unvermittelt tauchten wir in den Glanz der Großstadt ein. Vater kannte den Weg blind. Ich hörte das Rauschen des Flusses, als er mich, fest umschlungen in seinen Armen, zielstrebig zur Brücke trug. Wir blickten nach unten: Auf dem mir riesig scheinenden Brachland herrschte emsiges Treiben. Zerlumpte Gestalten bahnten sich murmelnd und schimpfend den Weg durch Müll und Dreck. Menschen, die in meiner Wahrnehmung wie Bettler aussahen, stachen sich Nadeln in die Arme, andere starrten mit leerem Gesicht in ein Feuer. Später fiel mein Blick unvermittelt auf einen Mann und eine Frau. Mein Vater zwang mich, genau hinzusehen: Seltsam verrenkt lagen die beiden im Dreck, und zu meinem Entsetzen liefen zwei Ratten zögerlich schnuppernd über die besinnungslosen oder toten Menschen, die niemanden zu interessieren schienen. Schwindel und Übelkeit ergriffen mich. Hatte ich mein eigenes Sterben verpasst und befand mich nun bereits im ewigen Fegefeuer, das den Menschen unsägliche Qualen auferlegt, wie ich es in der Sonntagsschule gelernt hatte? Die Antwort längst wissend, fragte ich: »Macht Mama das auch?« Vater nickte. Er weinte. Er sagte, ich dürfe niemals so enden und müsse mit ihm über alles sprechen, sollte ich jemals in Versuchung geraten. Ich versprach es. An diesem Tag fanden wir Mutter. Mein inständiges Flehen und Betteln bewog sie dazu, ins Auto zu steigen und mit uns nach Hause zurückzukehren.

# Nachher

Nach dieser schrecklichen Nacht spannte sich der Himmel stahlblau über eine morgendliche Landschaft, die mir nie reinlicher erschien. Ich trat aus der Haustür, atmete tief ein und fühlte mich in Sicherheit. Inzwischen besuchte ich die dritte Klasse im Schulhaus, das auf der Anhöhe über dem Dorf thronte. Dem Unterricht folgte ich problemlos, allerdings fiel ich durch ein unruhiges Temperament auf und galt aufgrund der familiären Hintergründe als Außenseiterin. Ohne elterliche Unterstützung lernte ich früh, mich selbst zu schützen, und der Umstand, dass ich mehrheitlich auf mich allein gestellt durch den Alltag kutschierte, gefährdete mein Wohlergehen in der abgeschiedenen Idylle nicht.

Das Landleben begeisterte mich mehr als alles und entschädigte mich für vieles: Ich liebte das alte Holzhaus mit den knarrenden Treppen, den schlecht isolierten, winzigen Fenstern und dem großen Kachelofen, der eingeheizt werden musste. Brachte man den Holzvorrat nicht rechtzeitig ein, blieb es im Winter bitterkalt, dafür wehte auch während der heißesten Sommertage eine kühle Brise durch die vielen Ritzen des Hauses. In der Stadt schränkten später Zäune und Verbotsschilder meinen starken Bewegungsdrang ein. Hier rannte ich einfach los, über Felder und Wiesen, stundenlang, bis ich außer Atem zusammenbrach, keuchend liegen blieb, den Himmel betrachtete und die vorbeiziehenden Wolken. Ruhe erfüllte meinen Körper, und ich dachte an nichts. Ich besaß einen Plüschbären, eine Angelrute, ein paar verbeulte Spielzeugautos und eine selbst gebastelte Puppenstube. Mangels Achtsamkeit wurde geduldet, dass sich die Katzen in unserem Haus unkontrolliert vermehrten. Auch ein Meerschweinchen, ein Hase und mein Hund trösteten mich darüber hinweg, dass es an gemeinsamen Aktivitäten mit den Eltern nun gänzlich mangelte.

Ich entdeckte die Natur: Zum Hausteil gehörte ein Garten, der sich bei unserem Einzug gepflegt präsentiert hatte, mit geordneten Rabatten, zurechtgeschnittenen Sträuchern sowie einem Gemüsebeet, das Papa mit Pflastersteinen umrandet und zu meinem Terrain erklärt hatte. Im Haus empfand ich die fortschreitende Verwahrlosung als unpraktisch und trostlos, doch den Garten schmückte die Wildheit zusätzlich. Der alte Aprikosenbaum stand meist in kniehohem Gras. Im Schatten des Dickichts wuchsen aromatische Waldbeeren, winzige Veilchen, und die Kräuter wucherten dermaßen üppig, dass der Duft von wilder Pfefferminze den ganzen Garten parfümierte. Bereits als kleines Kind interessierte mich die Vergänglichkeit der Natur. Stundenlang saß ich vor einer verdorrenden Blüte, die, in sich gekehrt, das Ende des Herbsts ankündigte, und zwei Monate später war die Pflanze schneebedeckt. Im Frühjahr begleitete ich dieselbe Blume ins Leben zurück, und das scheinbar Traurige erhielt eine neue Bedeutung für mich: So wie es schien, kam das Dasein nicht ohne gegensätzliche Kräfte aus, und die Destruktion war nicht immer endgültig, sondern konnte den Auftakt zur Erneuerung bilden.

Und so schockierte mich auch der Umgang mit den Nutztieren auf dem Nachbarhof nicht. Bei der Geburt eines Kälb-

chens durfte ich mithelfen und dem pelzigen Bündel das erste
Milchfläschchen ansetzen. Nach mehreren Sommern auf der
Weide und nachdem sie im Winter die gesamte Heuernte ver-
tilgt hatten, wurden die gleichen Tiere, die bis anhin glücklich
vor sich hin gelebt hatten, ihrem Schicksal zugeführt, worauf
sie manchmal als schmackhafte Erzeugnisse, zum Beispiel in
Form eines Wurstzipfels, in meinem Mund landeten. Diesem
überraschenden Leckerbissen konnte ich nur Positives abge-
winnen, aber auch im Kreislauf der Natur erkannte ich keine
Grausamkeit, sondern eine gewisse Richtigkeit, den für mich
verständlichen Lauf der Dinge. Ich schärfte meinen Verstand
in ehrlichen Gesprächen mit Vater, ansonsten aber mehrheitlich allein. Da ich weder Lob noch Tadel zu hören bekam, bildete ich mir in einem Alter, in dem die Gedanken frei sind und
der Blick unbestechlich, manches Urteil. In vielen Begebenheiten erkannte ich bald einen versteckten Sinn, in anderen
Handlungen sofort die schlechte Absicht. Ohne elterliche
Autorität, die mich beaufsichtigte, schützte, förderte, mir aber
auch keine Verbote und Einschränkungen auferlegte, entwickelte ich mich zu einem eigenständigen Wesen. Ich war kein
kleines Kind mehr und erkannte auch, dass die wichtigsten
Fragen nicht von den Erwachsenen, sondern von mir selbst beantwortet werden mussten.

Nicht zu wissen, aus welchen Gründen Mutter sich selbst
und unsere Familie zerstörte, wieso sie keine Verantwortung
für ihre Handlungen übernahm und meine diesbezüglichen
Fragen mit Ausreden quittierte, beelendete mich lange Zeit.
Eines der wenigen Geschenke, die sie mir machte – eine Aus-
gabe des »Kleinen Prinzen« –, öffnete mir in diesem Punkt die
Augen: Auf seiner Reise über die Planeten begegnet der kleine

Prinz einem Mann, der stumm vor einer Reihe leerer Flaschen und einer Reihe voller Flaschen sitzt. »Was machst du da?«, fragt er den Säufer. »Ich trinke«, antwortet dieser mit düsterer Miene. »Warum trinkst du?«, will der kleine Prinz wissen. »Um zu vergessen«, antwortet der Säufer. »Um was zu vergessen?«, erkundigt sich der kleine Prinz. »Um zu vergessen, dass ich mich schäme«, gesteht der Säufer mit gesenktem Kopf. »Und weshalb schämst du dich?«, erkundigt sich der kleine Prinz, der den Wunsch verspürt, dem traurigen Mann zu helfen. »Weil ich saufe«, erklärt der Säufer und verfällt in missmutiges Schweigen. Der kleine Prinz verstand, so wie ich als Drittklässlerin zu verstehen begann. Ich erkannte Mutters Kraftlosigkeit, ihr Selbstmitleid, das mangelnde Verantwortungsgefühl, und ab diesem Zeitpunkt bekämpfte ich diese Defizite in meinem eigenen Verhalten aktiv. Bedroht und negiert von einer Person, die dem Tod bald näher stand als dem Leben, hätte man annehmen können, dass ich den Drang verspürte, Entsetzen und Demütigungen in der einen oder anderen Weise weiterzugeben. Aber so war es nicht. Meine innere Reißleine funktionierte immer. Bereits als Primarschülerin erkannte ich, wenn ich etwas falsch gemacht, mir selbst oder anderen Schaden und Schmerz zugefügt hatte, und es wurde mir unmöglich, dieses Verhalten zu wiederholen.

In meinem späteren Leben, als ich meine Kindheit mit den Augen einer Jugendlichen und einer jungen Erwachsenen rekapitulierte, erkannte ich, welche ungeheuren Anstrengungen mir Mutter auferlegt und zu welchen körperlichen und seelischen Defiziten dies geführt hatte. Erst viele Jahre später erlebte ich zum ersten Mal den Alltag einer intakten und glücklichen Familie – sie bestand aus Katja und Pia. Ich erkannte damals die Wichtigkeit von schützenden Strukturen, die Entlastung durch die Fürsorglichkeit, das elterliche Interesse als Voraussetzung für ein intaktes Selbstbewusstsein, die Ruhe als Kraft, die den sicheren und unbeschwerten Gang in die Zukunft ermöglicht. Ich erkannte, was mir gefehlt hatte und was immer fehlen wird. Es war eine Erkenntnis, die mich in tiefe Trauer stürzte. Davor bewahrte ich mich als überlebenswilliges Kind. Als Mädchen nahm ich die Zustände zu Hause als ungut wahr, und meine Verzweiflung und meine Ratlosigkeit blieben in vielerlei Hinsicht groß. Jedoch blieb ich weiterhin der Überzeugung, dass es auch allen anderen Kindern – unter dem Strich – nicht besser erging als mir.

Während ich Schutzmechanismen entwickelte, trieb Mutter ihren Niedergang voran, und bald krabbelten Tausende Ameisen über ihren Körper. Sie fraßen sich in ihr Fleisch, verschwanden in langen Kolonien unter der Haut und gruben sich – einen wahnsinnig machenden Juckreiz auslösend – quälend langsam durch das Gewebe. Mutter kratzte sich stundenlang. Für schmerzhafte Entzündungen, die als marmoriert gefärbte Hautstellen Arme und Beine anschwellen ließen, sorgte in späteren Jahren ein anderes Malheur: Injizierten sich die Abhängigen die Drogenlösung an den Venen vorbei, quoll das umliegende Gewebe auf, was zu Entzündungen führte, die nicht selten in einer tödlichen Sepsis endeten. In schlimmster Erinnerung blieb mir eine kursierende Infektion, die unter den Letten-Süchtigen »Schleppscheiße« genannt wurde: Aus den Umläufen und Abszessen entstand eine bakterielle Hautinfektion, die sich auf Tausende von Junkies übertrug. Mutter blieb erst in späteren Jahren von dieser und anderen Erkrankungen nicht verschont, aber bereits in den Anfängen der Sucht litt sie unter Entzündungen und Blutvergiftungen, worauf Hände und Arme bandagiert oder eingegipst werden mussten.

Einmal – Mutter hatte sich den Arm gebrochen – gerieten die Eltern im Auto in einen lautstarken Streit. Wie von Sinnen schlug sie mit dem verletzten Arm so heftig auf das Armaturenbrett ein, dass der Gips zerbrach, worauf sie in einem Anfall von Irrsinn aus dem fahrenden Auto sprang. Die Schadensbilanz – Prellungen, Schürfungen sowie ein gebrochener Fuß – fiel verhältnismäßig gering aus. Für meinen Vater war das Maß jedoch voll. Er beantragte einen fürsorgerischen Freiheitsentzug und ließ seine Frau in eine psychiatrische Institution einweisen. Bei der drei Wochen später stattfindenden Entlassung erlebte ich sie apathisch, und als ich sie umarmen wollte, drehte sie sich schweigend weg. Komplett sediert, schien der letzte Rest ihrer Persönlichkeit wie ausgelöscht. Schockiert wünschte ich mir meine cholerische Mutter zurück. Die folgenden Wochen schlief sie hauptsächlich, verständigte sich in unverständlichen Lauten, und unzählige durch brennende Zigaretten verursachte Brandlöcher im Brustbereich zeugten von der kompletten Taubheit eines eingeschläferten Organismus, der nicht einmal mehr auf unglaubliche Schmerzen reagierte. Sie erholte sich nur langsam, konsumierte nun stärkste Beruhigungsmittel und erneut regelmäßig die Ersatzdroge Methadon.

Über den verschreibenden Arzt – Mitglied einer großen Freikirche – geriet sie in den Bann der sektenartig aufgebauten Institution. Beeinflussbar und wie immer extrem, kannte sie in ihrer plötzlich entflammten Liebe zu Gott und im Willen, ein besserer Mensch zu werden, weder Maß noch Richtung. Ich erinnere mich daran, dass sie nun regelmäßig die Veranstaltungen dieser Kirche besuchte und deren Vorstellungen von einem reinlichen Leben in praktische Aktionen umsetzte: Auf Kokain – das Haus erzitterte unter der dröhnenden Worship-Musik der religiösen Gemeinschaft – säuberte sie mit einer Batterie von hochgiftigen Reinigungsmitteln sowie neu angeschafften Schwämmen, Lappen und Besen wie im Wahn unser Haus. Ein sich wiederholendes Prozedere, das Stunden beanspruchte und die Verursacherin in tagelange Erschöpfungszustände versetzte.

Vater, durch die religiösen Kampfgesänge komplett entnervt, entsorgte die Tonträger nach Monaten im Müll. Er weigerte sich, einer Kirche beizutreten, deren religiöse Ansätze er für dogmatisch hielt, wie er auch seiner Ehefrau bei unzähligen Gelegenheiten verständlich zu machen versuchte. Meine drogenabhängige Mutter, die ihrem direkten Umfeld täglich großes Leid zufügte, wurde von ihren neuen Kollegen nicht etwa dazu motiviert, endlich abstinent zu werden und eine jener gassennahen therapeutischen Hilfsmöglichkeiten zu nutzen, die in der Zwischenzeit geschaffen worden waren. Auf Kritik verzichteten die Kollegen konsequent. Der offizielle Grund – Gott liebt alle! – entsprach nur der halben Wahrheit. Mit diesem Verhalten verringerte sich vor allem das Risiko, dass Novizen vorzeitig das Weite suchten. Meine labile Mutter erwies sich als leichtes Opfer. In den folgenden Monaten, so brachte ich später in Erfahrung, bekräftigte man vor allem ihren Hass auf den Mann, der sich ihrem Willen zur Destruktion noch immer entgegenstellte, und mit dem Versprechen, ihr in allem beizustehen, was dieser Entscheidung folgen werde, wies man sie an, sich endlich von diesem ungläubigen Tyrannen zu befreien. Tatsächlich beantragte Mutter die Scheidung.

Ich ging wie selbstverständlich davon aus, künftig bei Papa leben zu dürfen, etwas anderes war unvorstellbar für mich. Das Vertrauen in Mutter hatte ich längst verloren, sie war mir fremd geworden. Sie kündigte zum großen Erstaunen ihres Ehemannes keine Kampfhandlungen an und verhielt sich in den folgenden Wochen für ihre Verhältnisse erstaunlich zivilisiert. Eines Nachmittags, ich saß auf der warmen Ofenbank in der Stube, strich sie mir über das Haar. Ich war sofort alarmiert. Die folgenden Sätze blieben mir für immer in Erinnerung, denn sie besiegelten mein Schicksal. »Du weißt, was geschieht, wenn du zu Papa gehst und nicht mit mir kommst?« Ich antwortete nicht. Sie blickte mich eindringlich an, und bereits glaubte ich Wut in ihren Augen zu sehen, als sie fortfuhr: »Dann will ich nicht mehr leben, dann werde ich bald sterben: Willst du das?« Entsetzt schüttelte ich den Kopf, gab das geforderte Versprechen ab und willigte ein, Papa nichts von diesem Gespräch zu erzählen.

Als Vater Tage später von meinen angeblichen Wunsch, bei Mama leben zu wollen, erfuhr, war er wie vor den Kopf gestoßen: Ungläubig und verwirrt blickte er mich an, die abgrundtiefe Enttäuschung über eine Entscheidung, die er nicht verstand, jedoch akzeptieren musste, stand ihm ins Gesicht geschrieben. Mir brach es das Herz, ihn so zu sehen, gleichzeitig fühlte ich mich machtlos, da ich mein Verhalten weder erklären noch verteidigen konnte. Der Scheidungstag trennt mein Sein für immer in ein Vorher und ein Nachher. Ein Vorher mit meinem Vater und ein Nachher ohne seinen Schutz, seine Liebe und ohne seine Hilfe. In den Stunden, die über mein Schicksal entschieden, lief ich über Glas, darunter sprudelte ein Bach, gemusterte Steine lagen im klaren Wasser. Zwei

Hunde sprangen hinzu, eine Stimme fragte mich, ob die Scheidung der Eltern für mich schlimm sei. Ich beschloss, nicht zu antworten und künftig nur noch mit Tieren zu kommunizieren. Ich gelangte zu einem Wasserfall. Das Licht verwandelte sich rauschend, knisternd und bellend in ein schillerndes Prisma. Die Sekunden tröpfelten dahin, die Stunden vergingen wie im Zeitraffer. In den frühen Abendstunden kehrte ich wie betäubt ins Haus zurück. Mutter war gut gelaunt, sie hatte alles erreicht, was sie wollte: das Sorgerecht für mich und die Alimente.

In den folgenden Wochen zog sich Vater von mir zurück, er fühlte sich zu Recht verraten. Die Vorstellung, Mutter bald komplett allein ausgesetzt zu sein, entsetzte mich mehr als alles andere. Beinahe leblos verbrachte ich jede freie Minute in meinem Bett, dachte viel nach, kam zu keinen Schlüssen, erträumte absurde Welten. Später verabschiedete ich mich von den Tieren und den Blumen, rannte ein letztes Mal über die endlosen Felder. Plötzlich stand draußen ein Bus. Der gesamte Hausrat wurde eingeladen. In Erwartung entbehrungsreicher Jahre traf ich andere Vorkehrungen: Unter meinem Pullover steckten die gestohlenen Lebensmittel – Milch, zwei Würste, ein halber Laib Brot. Für diesen Diebstahl aus einer Küche, die bereits die Küche meines Vaters war, schämte ich mich. Beim Abschied konnte ich nicht sprechen und blickte Papa lange in die Augen. In seinem Blick sah ich Furcht um mich, die ungeheure Anstrengung der zurückliegenden Jahre und Liebe. Einen solchen Schmerz empfand ich nie wieder, er verschloss eine Tür, die sich nie mehr öffnen ließ, und meinem Vater nachwinkend, wusste ich mit absoluter Sicherheit: Etwas Gutes ist endgültig vorbei.

# Der Vater von Michelle

*Wenn ich das Rad der Zeit zurückdrehen könnte, würde ich nicht mehr versuchen, einen Menschen aus dem Drogenmilieu zu befreien. Es ist ein Unterfangen mit sehr kleinen Erfolgschancen. Als wir uns kennen lernten, war Sandrine eine junge, schöne Frau. Die Vorstellung, dass sie in der Gosse endet, war schrecklich, und ich war der festen Überzeugung, dass es mir gelingen würde, sie zu retten. Dass unser Leben in einer absoluten Katastrophe enden würde, konnte ich damals nicht wissen. Die erste Zeit nach der Geburt unserer Tochter Michelle waren gute und schöne Jahre. Es schien, als hätte Sandrine ihre Sucht besiegt, und ich empfand uns als intakte Kleinfamilie. Nach dem Umzug aufs Land dachte ich, dass wir es endgültig geschafft hätten. Sandrine kümmerte sich um einen großen Garten und buk Brot im Kachelofen, der im alten Holzhaus stand. Doch die Idylle trügte.*

*Bald war sie nicht mehr zufrieden und hatte starke Stimmungsschwankungen. Immer mehr vernachlässigte sie die Hausarbeit und auch den geliebten Garten. Die Aids-Thematik war Ende der Achtzigerjahre in allen Medien, und als es darum ging, Klarheit zu schaffen, ob sie sich in früheren Jahren angesteckt haben könnte, riet ich meiner Frau von einem Test ab. Ich ahnte, dass sie an einem posi-*

tiven Resultat zerbrechen würde. Sie bestand jedoch darauf, und so machte die ganze Familie den HIV-Test. Michelle und ich waren negativ, Sandrine jedoch positiv. Für sie brach eine Welt zusammen, und so nahm das Schicksal seinen Lauf. Ich sagte ihr: »Du hast einen Mann, der zu dir steht, und eine kleine Tochter, die dich jeden Morgen anlacht! Das sind Gründe, um nicht abzustürzen.« Doch sie entschied anders, konzentrierte sich ausschließlich auf das Negative und riss uns mit dieser Haltung in den Abgrund mit. Wir waren eine informierte Generation. Wir wussten um die Gefahren von harten Drogen. Man rutschte nicht einfach hinein, es waren bewusste Entscheidungen. Von Sandrine blieb nicht viel übrig. Das Heroin verändert einen Menschen stark.

Aufgrund ihrer Veränderungen ahnte ich, dass etwas nicht stimmen konnte. Die Vermutung wurde zur Gewissheit, als unsere Tochter den Kanülendeckel fand. Immer häufiger kehrte meine Frau sehr spät oder gar nicht nach Hause. Mir blieb nichts anderes übrig, als für Michelle zu sorgen, und wenn es sich einrichten ließ, kochte ich auch am Mittag eine warme Mahlzeit. In den Schulferien und während der freien Tage nahm ich sie mit auf die Baustelle, damit sie im Baubüro die Hausaufgaben erledigen konnte. So war sie nicht die ganze Zeit sich selbst überlassen.

Eines Abends rief mich Sandrine aus Zürich an. Sie klang apathisch und müde, ihre Stimme war schleppend und heiser. Ich brachte Michelle zu Bett, setzte mich ins Auto und fuhr nach Zürich. Als ich Sandrine auf dem Platzspitz endlich gefunden hatte, filzte uns die Polizei. Ich wurde wie ein Schwerverbrecher mit gespreizten Beinen an mein Auto gestellt und übel beschimpft. Meine Frau beleidigte ihrerseits die Polizisten und gab erst Ruhe, als ich sie anschrie, endlich die Klappe zu halten. Die Beamten durchsuchten meinen Wagen, warfen den ganzen Inhalt auf den Parkplatz, und zusätzlich erhielt ich einen Tritt zwischen die Beine. Die Situation beruhigte sich erst, als ein Vorgesetzter erschien. Ich erklärte ihm meine Rolle, danach konnte ich Sandrine mitnehmen.

Öfters kam es nun vor, dass mich die Polizei mitten in der Nacht anrief: Sie hatten Sandrine aufgegabelt, und ich weiß nicht mehr, wie oft ich nach Zürich auf den Platzspitz und später auf den Letten gefahren bin. Für Michelle und mich begann eine unglaublich traurige, anstrengende und schlimme Zeit. Es war die Hölle, und einmal wurde ich meiner Frau untreu, aber trotz allem kam es für mich nicht infrage, mich von ihr zu trennen. Die Hoffnung stirbt zuletzt. Ich glaubte noch immer daran, dass wir das irgendwie hinkriegen würden. Vor allem wollte ich nicht, dass meine Tochter ihr Zuhause verliert. Ich funktionierte einfach weiter, obwohl alles bachab ging. Zuerst sind es die organisatorischen Dinge, die nicht mehr klappen, danach bricht das ganze Leben auseinander. Obwohl die Zustände unhaltbar wurden, konnte ich keinen Schlussstrich ziehen.

Schließlich suchte meine Exfrau hinter meinem Rücken – zusammen mit den Leuten aus der Freikirche – eine Wohnung und zog aus. Nun durfte ich meine Tochter nur noch einmal pro Monat sehen. In diesem Zusammenhang gab es mehrere Gespräche mit dem Chef des Jugendsekretariats, und einmal stellte man mir die Frage, ob ich Alkohol *trinken würde. Da ich dies nicht regelmäßig tat, gab ich zur Antwort, im Durchschnitt etwa eine Stange Bier pro Tag zu trinken. Danach wurde ich als Alkoholiker betitelt, vor dem sich meine Tochter ängstige. In den folgenden Jahren machte ich auch die Erfahrung, dass den durch Sandrine verbreiteten Lügengeschichten immer Glauben geschenkt wurde. Man schützte sie aktiv, damit Michelle bei ihr bleiben konnte. In der Scheidungsverhandlung fragte mich die Richterin allerdings ausdrücklich und mit eindringlichem Blick, ob Sandrine eine gute Mutter sei. Ich nickte und antwortete mit Ja. Ich tat dies, weil Sandrine mit Suizid drohte, sollte man ihr Michelle wegnehmen.*

*Auch die Morddrohungen, die sie gegen meine Eltern und mich aussprach, nahm ich ernst. Bereits in ganz jungen Jahren hatte sie mit einer Pistole auf ihren damaligen Geliebten geschossen. Geriet sie in Rage, brannten ihr alle Sicherungen durch, und Angst hatte sie vor nichts und niemandem. Nach der Scheidung wollte sie mich dann tatsächlich umbringen. Michelle, die zu diesem Zeitpunkt erst zehn war, warnte mich telefonisch. Ich konnte mich in Sicherheit bringen und verbrachte die Nacht bei einer Kollegin, die mir Unterschlupf gewährte. Am nächsten Morgen war meine Wohnung zerstört. Sandrine hatte auch außerhalb des Hauses ein riesiges Chaos angerichtet. Niemand im Dorf wollte etwas gehört haben.*

*Das enge Band zwischen meiner Tochter und mir wurde bei der Scheidung zerschnitten und unsere Beziehung beinahe zerstört. Sahen wir uns an den beiden Besuchstagen, benötigten wir jeweils Zeit, um uns einander anzunähern, und sobald die Innigkeit wiederhergestellt war, mussten wir erneut Abschied nehmen. Es war schrecklich. Michelle veränderte sich: Sie reagierte für ihr Alter bald sehr reif und altklug und war oft wütend über die unmögliche Situation mit der Mutter. Sandrine konnte das Kind übel vernachlässigen und tagelang allein lassen. Umgekehrt machte sie wegen einer kleinen Schramme ein riesiges Theater. Sie reagierte unverhältnismäßig: eigentlich in allen Belangen. Einfluss auf die Erziehung hatte ich nicht mehr wirklich.*

*Wenn Michelle und ich zusammen waren, wollten wir es einfach schön haben. Wenn es mein Geldbeutel zuließ, gingen wir das eine oder andere Mal auswärts essen, und später besuchten wir zusammen Konzerte. Ich motivierte sie zu allerlei Aktivitäten und versuchte ihr zu vermitteln, dass sie nicht aufgeben darf, sie alles erreichen kann, wenn sie es wirklich will. Ich versuchte, ihr Selbstbewusstsein zu stärken, damit sie nicht den gleichen Weg gehen würde wie ihre Mutter. Mir rettete die Scheidung vermutlich das Leben. Für meine Tochter ging der Horror damals erst richtig los. Die Situation war paradox. So sehr meine Exfrau Michelle in den folgenden Jahren Gefahren aussetzte und manchmal auch quälte, so drogenumnebelt und unfähig sie als Mutter und als Mensch agierte; den weiblichen Instinkt, das eigene Kind niemals herzugeben, verlor sie nicht.*

*Schützenhilfe erhielt sie von einer Soziallobby, die sich aus Menschen zusammensetzte, die ihre Ideologien pflegten und aus Bequemlichkeit oder Angst vor der Verantwortung keine Entscheidungen trafen. Zu wenig klar sind auch die entsprechenden Richtlinien definiert; wann genau von einer massiven Verletzung der elterlichen Fürsorgepflicht gesprochen werden kann, liegt im Ermessen des Betrachters. Man reagierte nach Gutdünken oder eben eher nicht. Mit fatalen Folgen für die Kinder. Michelle musste sehr früh für sich selbst und für ihre Mutter Verantwortung übernehmen. Verlässlichkeit und Ruhe gab es in ihrem Alltag nicht.*

*Was ich in all den Jahren zu wenig realisierte, war, dass Michelle auch mich als angeschlagen wahrnahm und bei unzähligen Gelegenheiten schützte, indem sie mir nicht oder nur lückenhaft mitteilte, was sie durchmachen musste. In die neue Wohnung meiner Exfrau durfte ich keinen Fuß setzen. Eines Tages rief mich ein Bekannter an, der dort etwas repariert hatte. Er war verärgert und wollte wissen, ob ich mich eigentlich nur einen Funken für meine Tochter interessieren würde. Ich fragte, um was es genau gehe. Er erzählte, die Küche sei komplett verschmutzt und versinke in Bergen von Abfall. Ich war schockiert und realisierte in diesem Zusammenhang auch, dass das Wohl meiner Tochter durch den gesetzlichen Beistand nicht geprüft und schon gar nicht gewährleistet wurde.*

*Dass die Jahre bei ihrer drogensüchtigen Mutter zu einem solchen Desaster gerieten, die Verantwortlichen der damaligen Vormundschaftsbehörden nie nachhaltig intervenierten, hat meiner Meinung nach vor allem mit dem behandelnden Drogenarzt zu tun. Er war Sandrines Arzt und gleichzeitig ihr Seelsorger in der Freikirche. Bei ihm erhielt sie Methadon, obwohl sie zusätzlich Heroin konsumierte. Dieser Arzt hatte meiner Meinung nach einen großen Einfluss auf die zuständigen Behörden. Gleichzeitig missbrauchten diese mein Kind als Instrument, um eine Drogensüchtige zu kurieren: Das finde ich abscheulich und unmenschlich. Eine Mitarbeiterin der Vormundschaftsbehörde entschuldigte sich viel später telefonisch bei mir: dafür, wie alles gelaufen sei. Ich sagte ihr, sie solle ihr Bedauern doch bitte meiner Tochter mitteilen. Dieses Telefonat fand nie statt.*

*Mich hatten die zurückliegenden Jahre ebenfalls geschwächt, und es fehlte mir an Kraft, um mich mit allen Mitteln für Michelle einzusetzen. Das bereue ich heute bitter. Nachdem ich mir den Rücken gebrochen hatte und nicht mehr als Polier auf dem Bau arbeiten konnte, machte ich ein Praktikum als Sozialpädagoge. Ausgerechnet. Ich tat es in der Absicht, mutiger und praxisnaher zu agieren als jene, mit denen ich es bisher zu tun gehabt hatte, aber dem System kann man sich nicht entziehen, wie ich bald erkannte. Während dieser Weiterbildung lernte ich einen Fachmann kennen, der bei den Behörden des Kantons arbeitete. Er wurde zu einem meiner besten Freunde. Ich erzählte ihm, was ich bisher niemandem aus meinem persönlichen Umfeld erzählen konnte; das Martyrium meiner Tochter. Obwohl ich – wie ich heute weiß – nur die Hälfte der ganzen Katastrophe kannte, half mir dieser Freund bei der Durchsetzung einer Sofortmaßnahme. Michelle kam in die Obhut meiner Schwester.*

*Die extreme Umstellung – von einem komplett chaotischen Alltag in feste Strukturen – brachte viel Gutes, wurde jedoch vom extremen religiösen Druck überschattet, dem Michelle in dieser Familie ausgesetzt war. Ihre Bedürfnisse nach Liebe und Zärtlichkeit konnten die Pflegeeltern nicht erfüllen, und nach dieser Zeit wollte Michelle unbedingt ein Jahr lang mit mir zusammenleben. Dies lehnte ich ab, weil sie weder eine Lehrstelle noch eine Arbeit oder einen Schulplatz hatte. Sie wäre somit den ganzen Tag allein zu Hause gewesen. Vermutlich hätte mich Michelle damals gern auf den Mond geschossen, aber sie sah dann schnell ein, dass ein Aufenthalt in der französischen Schweiz eine lohnenswerte Sache war: Mit den guten Sprachkenntnissen erhielt sie später eine Lehrstelle.*

*Die zehn verpassten Jahre unseres Familienlebens fehlten uns weiterhin: Michelle wollte die verlorene Zeit nachholen und zog als bereits erwachsene Frau zu mir. Ich hatte gerade meine Krebstherapie abgeschlossen und musste mich mit dem Ende einer Beziehung auseinandersetzen. Es war schwierig. Doch auch diese Zeit überstanden wir gemeinsam. Heute lebt sie in meiner Nähe, in einer wunderschönen Altbauwohnung. Unsere enge Beziehung ist wiederhergestellt, aber nicht alles kann korrigiert werden.*

*Die Drogensucht meiner Exfrau richtete enormen Schaden an. Meine Tochter musste sich ihre Integration, die Suchtfreiheit und den positiven Blick in die Zukunft hart erarbeiten. Ich bin sehr stolz auf sie. Sie ist eine kluge und willensstarke Persönlichkeit. Sie hat sehr hohe Ansprüche an sich selbst und versuchte vermutlich auch immer, meinen etwas überrissenen Vorgaben gerecht zu werden: dass man die Dinge durchzieht, egal, was es kostet. Man kann nicht von sich selbst auf andere schließen, und die eigenen Grenzen muss man erkennen und dann respektieren.*

*Unser Leiden, im Speziellen dasjenige meiner Tochter, kann man nicht mehr rückgängig machen, und die Versöhnung mit der Vergangenheit fällt uns manchmal schwer. Wenn die Veröffentlichung unserer Geschichte allerdings einem einzigen Kind hilft, nicht das Gleiche erdulden zu müssen wie Michelle – so sind wir uns einig –, dann waren die harten Jahre nicht sinnlos.*

# Sternenbühl

Mutter sagte: »Wir machen uns ein schönes Leben.« Die neue Wohnung verfügte über ein Bad mit glänzenden Kacheln und funkelnden Armaturen, die Küche über einen Glaskeramik-herd und einen blitzsauberen Kühlschrank. Gesprenkelter Spannteppich bedeckte die Böden, an den Wänden waren warme Heizkörper befestigt. Alles war neu, sauber und schön. Dumm, wie ich war, ließ ich mich durch den äußeren Glanz korrumpieren, schloss daraus auf eine allgemeine Verbesserung der Situation. Alles wird gut, und Mama kehrt zu mir zurück. So wie sie einst war. Nur noch verschwommen erinnerte ich mich an diese Frau, die mich liebte, sich um mich sorgte, mich in die Luft hob, der ich blind vertraute. In meinen verzweifel-ten Träumen kehrte das Glück zurück, die Ruhe und der Frie-den. In der Realität jedoch lebten wir monatelang in unaus-gepackten Umzugskartons. Nach einem Jahr blieb ein einziges Zimmer bewohnbar, da sich in den übrigen Räumen Müll, Dreck und eine hartnäckige Flohplage ausgebreitet hatten.

Am ersten Abend in unserem neuen Zuhause trat ich auf den kleinen Balkon, nun die einzige Möglichkeit, um schnell an die frische Luft zu gelangen: Vom dritten Stockwerk aus blickte ich in eine unscheinbare Kleinstadt im Zürcher Ober-land. Eingebettet in Wälder und hügelige Grünflächen, die den grauen Stadtkern umrandeten, lag unser Wohnblock in der Nähe der erleuchteten Hauptstraße mit den Einkaufsgeschäften, Schnellimbissen, einem Kinokomplex und einem Shoppingzentrum. Jugendhaus und Sportplatz sowie die verschiedenen Schulhäuser lernte ich später kennen: Bevölkert von den turbulenten Kindern der hier lebenden Problemfamilien, bot die zweitärmste Gemeinde des Kantons Zürich auch vielen Unterprivilegierten aus verschiedensten Nationen kostengünstigen Wohnraum. Als offiziellen Grund, um in die Zehntausend-Seelen-Gemeinde zu ziehen, nannte Mutter den Behörden ihre hier lebenden Kollegen der Freikirche. Doch dies entsprach nicht der Wahrheit: Nachdem der Letten Monate zuvor ebenfalls geräumt worden war, bildeten sich in manchen Außenbezirken von Zürich versteckte Szenen, so auch in diesem Städtchen.

Mutter verkehrte vom ersten Tag an in diesen Kreisen. Die Szene im Zürcher Oberland etablierte sich schnell und zog innert kürzester Zeit auch jene Schwerstsüchtigen an, die vom Platzspitz und vom Letten vertrieben worden waren, die das neu geschaffene Hilfsangebot aus Präventionsstellen und Substitutionsprogrammen ignorierten und zusammen mit vielen Kindern weiterhin auf der Gasse lebten. Sie rotteten sich in einem Haus zusammen, das in den folgenden Jahren auch zum Mittelpunkt meines Daseins avancierte. Man hätte die dortigen Zustände in der Bronx von New York oder in Chicago vermuten können. Sie spielten sich jedoch in einer blitzblank gefegten Schweizer Gemeinde, nur hundert Meter vom Zentrum entfernt ab. Das baufällige Gebäude trug den unpassenden Namen Sternenbühl.

Eine Welt, die mich Monate zuvor auf dem Arm meines Vaters nachhaltig verstört hatte, nahm mich nun dauerhaft gefangen. Während unsere Nachbarn im Wohnblock dachten, Mutter und Tochter verließen gemeinsam das Haus, um auf den Spielplatz zu gehen oder einzukaufen, involvierte mich Mutter zunehmend in ihren Junkie-Alltag, und als wir in späteren Jahren die Rechnungen für Heizung und Strom unserer Wohnung nicht mehr bezahlen konnten, lebten wir bei verschiedenen Gelegenheiten wochenlang in diesem verwahrlosten Altbau. Der Gestank löste beim Eintreten unweigerlich einen Brechreiz aus. An den faulig-süßlichen Geruch gewöhnte ich mich erst nach Monaten, ebenso wie an die Bewohner der einzelnen Absteigen: Beim ersten Menschen, dem ich begegnete, handelte es sich um Roland, der seinen Torso auf zwei winzigen Beinstummeln erstaunlich flink über den Fußboden schleifte. Auf Höhe der Ellenbogenspeichen hatte man ihm die Armstummel bereits im Kindesalter zu bizarren Greifzangen operiert, mit denen der schwer alkoholabhängige Bewohner der Parterrewohnung rund zwanzig Bierflaschen pro Tag öffnete. Im ersten Stockwerk befand sich die Bleibe von Puppi und Holger, Drogenkonsumenten, die auch als Dealerpaar agierten. Als Einrichtung bleiben mir ein verschmutzter Flokatiteppich in Erinnerung, ein Klapptisch mit ausgebreiteten Drogenutensilien, ein zerschlissenes Sofa sowie eine Playstation: für die Kinder. Der auf dem Boden stehende Rattenkäfig war meist leer. Manche Tiere starben, andere hatten sich selbständig gemacht, vermehrten sich im Abfallparadies explosionsartig und fristeten in diesem Umfeld als einzige Lebewesen ein friedliches Dasein.

Da der Nachschub der Drogen nicht mehr so reibungslos funktionierte wie zu Zeiten von Platzspitz und Letten, bestimmten Streitigkeiten um Angebot und Nachfrage den Tagesablauf. Die Junkies, darunter auch einige Mütter mit Babys und Kleinkindern, gingen täglich im Sternenbühl ein und aus; manche blieben ein paar Stunden, andere verloren sich in einem mehrtägigen Absturz. Jene, die sich die Spritzen in den Hals oder zwischen die Zehen setzten, figurierten in der Hierarchie an unterster Stelle, erfuhr ich von meiner Mutter, die einmal sagte: »Die sind der allerletzte Dreck.« Diese Regel erschien mir anfänglich widersinnig, und ich verstand sie erst, als ich mit zunehmendem Alter erkannte, dass auch die Elenden darwinistisch funktionieren, sich über jene erheben, denen es noch schlechter geht als ihnen selbst: damit ihr eigenes Scheitern erträglicher wird, sie die Kraft finden, andere zu dominieren.

Es wurde Folie geraucht, geschnupft, jedoch hauptsächlich gespritzt. Heroin oder Kokain erhitzten die Fixer zusammen mit einer Substanz, die ich anfänglich nicht kannte, in einem Löffel, danach zogen sie die kochende Lösung durch einen Filter auf und injizierten sich den Schuss in die abgebundenen Arme oder Füße. Blieb eine Vene verstopft, wurde es brenzlig. Auch Überdosen und gestrecktes sowie kontaminiertes Heroin führten in den Jahren, in denen ich im Sternenbühl ein und aus ging, zu manchen Kollapsen und unzähligen Atemstillständen. Serge – der sich von den anderen abhob, ohne diese Überlegenheit auszuspielen – nahm mich in diesem Umfeld als einzige Person jemals wahr. Er lächelte mir zu, redete ein paar Sätze mit mir. Er konsumierte nur alle paar Wochen, trug saubere Kleidung, einen sauberen Haarschnitt und hielt sich, so gut es ging, von den anderen fern. Ich mochte ihn. Wochen später sah ich ihn sterben. Heftige epileptische Anfälle gingen der Bewusstlosigkeit voraus, und heller, blutiger Schaum trat wenig später aus Nase und Mund. Sein schrecklicher Todeskampf verstörte mich mehr als alles, was ich bisher erlebt hatte. Unter den Umstehenden entstand Panik, aber niemand organisierte Hilfe.

Nach dem Abtransport der Leiche kehrten die Junkies in ihren Alltag zurück, aber das Misstrauen untereinander wurde durch solche Zwischenfälle angeheizt. Jeder unterstellte dem anderen betrügerische Absichten: Auch rund um die zentrale Frage, wer den Stoff mit welchen Mitteln zum eigenen Vorteil gestreckt haben könnte, entzündeten sich lautstarke und gewalttätige Auseinandersetzungen. In diesem anarchistischen Kosmos, der frei von menschlichen Regungen oder sozialen Regeln funktionierte, verkehrten die extremsten Junkies der Region. Weil ihnen selbst in übelsten Szenespelunken ein Hausverbot erteilt worden war, aber auch weil sie sich weigerten, jenes Mindestmaß an Disziplin aufzubringen, das ein niedrigschwelliges Therapieangebot erforderte. Polizei und Ambulanz rückten beinahe wöchentlich ins Sternenbühl aus. Die desolaten Zustände im Drogenhaus waren der Gemeinde bekannt. Zugunsten der Bevölkerung, der man ein aufbrechendes Geschwür, das sich unweigerlich in die Wohnquartiere ergossen hätte, nicht zumuten wollte, wurden die Zustände toleriert, ebenso wie der Umstand, dass sich kleine Kinder im Abbruchhaus aufhielten.

Sabrina, die Tochter der dritten Hauspartie, auch sie schwerstabhängige Fixer, lebte das ganze Jahr über in diesem Umfeld. Bei der Jahre später stattfindenden Räumung entdeckte man ein schwer verwahrlostes Mädchen, das mir ihr Drogenwissen als Sechsjährige vermittelte. Ihr eiskaltes Zimmer verfügte über ein Bett, drei Aufkleber an der Wand und eine umgekehrte

Holzkiste, auf der die einzige Lichtquelle stand. Meine neue Freundin, verschüchtert und doch selbstbewusst, kam gänzlich ohne Spielsachen aus, hatte die Zustände im Haus längst verinnerlicht und wusste sich in dieser Umgebung mit traumwandlerischer Sicherheit zu bewegen. Ob Kinder bereits resignieren können, ob sie den Mangel an Hoffnung erkennen und sich mit ihm arrangieren, das fragte ich mich später. Damals bewunderte ich Sabrina, und erst heute finde ich die richtigen Worte dafür genau: Das schreckliche Dasein erduldete sie ohne Klagen, gleichzeitig schien ihre Würde unantastbar. Auf ihrer Pritsche sitzend, erklärte sie mir, zu welchem Zweck Ascorbinsäure dient und welche Finessen beim Abwägen von Heroin und beim Aufziehen eines Schusses beachtet werden müssen.

Vor allem aber kannte sie die Regeln, wenn die Erwachsenen scheinbar besinnungslos auf dem Sofa oder am Boden lagen. Sabrina ließ mich wissen, dass dieser kurz nach dem gesetzten Schuss eintretende Zustand »Flash« genannt wird, man sich dann mucksmäuschenstill zu verhalten habe, ansonsten dieses fantastische Erlebnis gestört werde. »Sie träumen«, erklärte sie in solchen Momenten, den Zeigefinger über die Lippen gelegt, und wir akzeptierten unsere Rolle als potenzielle Störfaktoren, unterhielten uns flüsternd, um später in der richtigen Sekunde die Frage zu stellen, die ansonsten stets mit Nein, nun aber wie durch ein Wunder mit einem »Ja, haut ab« beantwortet wurde. An den Wochenenden und am Mittwochnachmittag schlugen wir die Zeit nun im kümmerlichen Garten tot. Wir saßen schweigend auf zwei Plastikstühlen oder hängten uns mit den Händen an eine rostige Konstruktion, die einst dem Ausklopfen von Teppichen gedient hatte.

Zerlumpt und komplett ignoriert, erging es Sabrina offensichtlich noch schlechter als mir. Diese Erkenntnis erfüllte mich nicht mit Mitgefühl oder Trauer, jedoch auch nicht mit Überlegenheit oder Schadenfreude. Ich empfand diesen Umstand als tröstend, schenkte ihr meine froschgrünen Gummistiefel, die ich selbst sehr liebte, und erkannte, dass im Geben eine positive Kraft liegt. Im Nehmen auch, denn ich beschloss, unserem Hunger ein Ende zu bereiten. Da die Nahrungsmittelaufnahme in den Köpfen von Drogensüchtigen so gut wie keinen Stellenwert genießt, orientierten wir uns im Haus am einzigen Menschen, der regelmäßig Nahrung zu sich nahm: Roland. Weil er sich weigerte, seine Prothesen anzulegen – sie lagen wie abgetrennte Gliedmaßen verstreut in seiner Wohnung –, verließ der Behinderte seine Bleibe nie. Wenn wir sein Leergut mit dem Leiterwagen entsorgten und ihm einen neuen Biervorrat ins Haus schufen, schenkte er uns einen Schokoladenriegel oder bereitete uns ein Wurstbrot zu.

Hinter verschlossenen Türen machte er mir Avancen, was mich mit Angst und Wut erfüllte. Den streitenden und verladenen Erwachsenen entging, was sich im untersten Stockwerk abspielte; bis zu jenem Tag, als mich Roland an seinen nackten Torso zwang. Ich schrie wie am Spieß. Holger polterte erstaunlich schnell die Treppen herunter, stürzte in die Wohnung, schleuderte meinen Widersacher auf das Bett und beschimpfte den Vierzigjährigen übel. Künftig machte ich mir Rolands Angst zunutze: Unausgesprochen stand im Raum, dass ich zu den Übergriffen jederzeit eine Anzeige bei der Polizei machen könnte, und diese latente Drohung sicherte Sabrina und mir viele kulinarische Leckerbissen aus seiner gut bestückten Vorratskammer.

Ich begann mich in der Welt der Erwachsenen zurechtzufinden, indem ich sie bei ausgewählten Gelegenheiten mit ihren eigenen Waffen schlug. Schlimmste menschliche Zustände, Bösartigkeit und Gewalt umgaben mich in meiner Kindheit in so ausgeprägtem Ausmaß, dass man eine normale seelische Entwicklung für unmöglich halten könnte. Der ungeheure Mangel an allem, der diese Jahre prägte, tat mir bestimmt nicht gut, und die Konfrontation mit gewaltigen Emotionen – Ohnmacht und Schuld, Ekel und Hass, Angst und Trauer – brachten mich mit Zuständen in Verbindung, die ich als Kind nicht verstand und nicht bewältigen konnte. Doch eines wusste ich bald mit absoluter Sicherheit: Ich bin nicht wie meine Mutter und werde niemals so sein wie sie. Mutter wurde zum Synonym für die Schwäche. Ich gab mir damals ein Versprechen, dessen Nichteinlösen mit meinem Tod hätte bestraft werden müssen.

Dieses Anders-sein-Wollen in tausend Facetten prägte mich früh und zwang mich dazu, meinen Charakter und meine Willensstärke unter Beweis zu stellen, vieles genau zu beobachten, bei den anderen, bei mir selbst. Gemeinheit und Unehrlichkeit, mangelnde Loyalität und Feigheit bekämpfte ich, wann immer ich diese Mängel in meinem Verhalten entdeckte. Die Gewissheit, anders zu sein als jener Mensch, den ich inzwischen fürchtete, musste erarbeitet werden, und hundertfach hatte ich das Gegenteil zu beweisen, bevor ich mir glaubte, meinen Ansprüchen genügte. Diese fanatische Haltung führte mich in späteren Jahren an den Abgrund und rettete mich gleichzeitig.

## Stille Mitwisser

Mein Vater fehlte mir mehr als alles andere. Seine männliche
Liebe und seinen Schutz vermisste ich in solch extremer Art
und Weise, dass mir das damit verbundene Unglück schier
unüberwindbar schien. Den gemeinsamen Tagen fieberte ich
wochenlang entgegen, nie mehr ersehnte ich einen Menschen
verzweifelter herbei. Und während ich mit Vater eine Auto-
ausstellung besuchte, weil dieses Vergnügen nichts kostet, und
er bewunderte, was er sich nie leisten konnte, weil ihn die
Heroinsucht meiner Mutter finanziell ruinierte, neue Karos-
sen mit glänzenden Stoßstangen, betrachtete ich die flattern-
den Wimpel im Wind und versuchte mich zu freuen. Doch
die Sorglosigkeit fühlte sich fremd an.

Pleite und gesundheitlich angeschlagen, benötigte Vater
Jahre, bis er neuen Lebensmut schöpfen und existenziell wieder Tritt fassen konnte. Seiner Exfrau bezahlte er Alimente, die
Besuchstage waren gerichtlich festgelegt. Doch Mutter verband meine Herausgabe mit der Forderung nach mehr Geld.
Damit beschäftigt, die durch sie verursachten Schulden zu be-
gleichen, lebte Vater damals unter dem Existenzminimum. Er
hatte nichts mehr, musste das erpresste Geld bei Oma aus-
leihen, übergab seiner Exfrau schließlich hundert Franken,
worauf sie mich ihm wie ein Pfand vor der Haustür aushän-
digte. Während der ersten Wochenenden gingen wir unbehol-

fen miteinander um. Die Vergangenheit klebte an uns, verhinderte den glücklichen Neuanfang. Papa versuchte, mich für alles zu entschädigen, was mir in meinem übrigen Leben so sehr fehlte: Es gab Süßigkeiten, bis mir übel wurde. Und Zuneigung, bis ich nicht mehr atmen konnte. Danach ließ er mir Zeit. Zeit, um in Ruhe nachzudenken. Zeit, um zu heulen. Wir fanden wieder zueinander, genossen die Stunden, vermittelten einander, was uns beiden fehlte: Geborgenheit und Trost. Aus diesem Grund durfte ich auch bei ihm im großen Bett schlafen. Nichts beruhigte mich mehr, als seinen Atemzügen zu lauschen. In keinen anderen Stunden fühlte ich mich sicherer. Wochen später ließen Mutters Sozialhelferinnen das Übernachten im ehemaligen Ehebett verbieten, und in Anfällen von drogenumnebeltem Wahnsinn bedrohte Mutter ihren Exmann nun wiederholt mit dem Tod.

Später verschaffte sie sich gewaltsam Zugang zum einstigen Familiendomizil, dem Bauernhaus auf dem Land. Am Ende dieser Nacht waren Mobiliar und Ehebett mit einem Beil zerhackt, alle Zimmer verwüstet und die Hochzeitskleidung in der Badewanne verbrannt. Mit zwei großen Messern bewaffnet, erwartete die Tobende Vaters Ankunft bis in die frühen Morgenstunden, wie sie mir später stolz berichtete. Gewarnt durch meine verzweifelten Nachrichten auf seine Combox, die ich ihm schickte, nachdem sie unsere Wohnung verlassen hatte, blieb er dem Ort des Geschehens fern. Als sich bei Mutter in den frühen Morgenstunden erste Entzugserscheinungen bemerkbar machten, rammte sie beide Messer in die Matratze des Bettes, fotografierte den angerichteten Totalschaden mit der Polaroidkamera, und bei ihrer Rückkehr warf sie mir die Beweise ihrer Zerstörungswut vor die Füße. Nachdem ich kein

Auge zugetan und die ganze Nacht um das Leben meines Vaters gebangt hatte, brach ich in Tränen aus. Ab diesem Moment wusste ich mit Sicherheit, dass meine unzurechnungsfähig gewordene Mutter ein Fall für die Psychiatrie war.

Obwohl Vater die Polizei verständigte, die den Schaden begutachtete, wurde keine Anzeige aufgenommen. Aus welchen Gründen er dies hinnahm, sich selbst und mich nicht vehementer verteidigte, hat – meiner Meinung nach – mit verschiedenen Gründen zu tun: Geschwächt durch die zurückliegenden Jahre, fehlte es ihm an Kraft, um sich zu wehren, vor allem aber auch an finanziellen Ressourcen, um einen Anwalt einzuschalten. Das Vertrauen in die Polizei oder andere Behörden, die in der Vergangenheit stets inaktiv geblieben waren, unser Leiden bagatellisierten, sich auf die Seite der drogensüchtigen Frau schlugen, hatte er längst verloren. Während Vater keinerlei Hilfestellung durch Institutionen erhielt, konnte meine Mutter auf ein breites Angebot von diversen Organisationen zählen – darunter manche mit einem feministischen Ansatz –, die es als ihre ideelle Pflicht betrachteten, jedes noch so absurde weibliche Anliegen zu unterstützen und durchzuboxen.

Noch heute existieren in der Schweiz Dutzende von Beratungsstellen mit unterschiedlichen Aufträgen, an die sich ausschließlich weibliche Betroffene wenden können. Obwohl internationale Studien und auch viele Statistiken heute davon ausgehen, dass beinahe gleich viele Frauen wie Männer zu gewalttätigen Ausbrüchen neigen, mussten männliche Opfer – so auch mein Vater – lange Zeit mit den amüsierten Kommentaren von Polizisten und Geschlechtsgenossen rechnen, für die prügelnde Frauen schlicht unvorstellbar waren.

Dass Kinder bei der Scheidung unter allen Umständen den Müttern zugesprochen werden, hat in der Schweiz ebenfalls eine lange Tradition, und das gemeinsame Sorgerecht wird erst seit einigen Jahren vermehrt ausgesprochen. Dies, nachdem sich verschiedene Männer- und Väterorganisationen formiert, sich für ihre Rechte gewehrt und diese auch durchgesetzt haben. Von diesen Fortschritten konnte mein Vater noch nicht profitieren. Obwohl er weder mir noch Mutter jemals ein Haar gekrümmt hat und ich ihn in meinem ganzen Leben vielleicht zweimal stark betrunken gesehen habe, fielen die diesbezüglichen Bezichtigungen meiner – offensichtlich süchtigen Mutter – bei den Behörden auf fruchtbaren Boden. Im Wissen, dass ich meinem Vater bei einer Neuverhandlung unter keinen Umständen zugesprochen würde, kamen als Alternativen nur die Unterbringung in einem Kinderheim oder die Platzierung bei Pflegeeltern infrage. Das Erste war kein Thema, im zweiten Fall hätte die Vormundschaftsbehörde eingreifen und meine Wegnahme prüfen und anordnen müssen.

Mutters äußerlicher Zerfall schritt weiter voran: Die Haut grobporig, die Zähne grau und brüchig, war sie nun auf den ersten Blick als Heroinkonsumentin erkennbar. Mir war in der Zwischenzeit ein Beistand zugesprochen worden. Diese Maßnahme zur Unterstützung überforderter Eltern wurde nicht etwa von offizieller Stelle angeordnet. Mutter hatte sie selbst bei der entsprechenden Behörde angeregt. Ihr Argument: Ich sei ein schwieriges Kind. Die Beistandschaft wird auch zum Schutz des Kindes errichtet und die betreffende Person durch die Vormundschaftsbehörde (heute: Kindes- und Erwachsenenschutzbehörde, KESB) gestellt. Der Verantwortung dieses Mannes oblag mein physisches und psychisches

Wohlergehen in der Obhut meiner Mutter. Schwarz auf weiß steht es geschrieben: Besteht für das Kind eine Gefährdung, müssen die Eltern kontrolliert werden. Kann die weitere Gefährdung nicht genügend abgewendet werden, etwa weil die Mutter dauernd abwesend ist, sich in keiner Weise um das Kind kümmert, fortgesetzt und in schwerer Weise gegen die Interessen des Kindes handelt, sollte die Behörde den Sorgerechtsentzug prüfen.

Meinen Beistand und auch seinen Nachfolger – der mich einmal »als bestes Hilfsmittel, damit die Mutter von den Drogen wegkommt«, bezeichnete – sah ich in den folgenden Jahren keine drei Mal, und die Besuche des Jugendamtes kündigten sich Wochen im Voraus an, worauf sich die Wohnung plötzlich mit Menschen bevölkerte, die ich sonst nie zu Gesicht bekam. Mitglieder der Freikirche säuberten die heruntergekommene Bleibe, rückten dem verfleckten Teppich mit Schaumreiniger zu Leibe, wischten Staub, warfen Spritzenmüll weg, bis sich ein scheinbar geordnetes Dasein präsentierte. Das Kind gekämmt und mit frischen Kleidern versorgt, ließen sich die amtlichen Vertreter leicht beruhigen, und meine durch Mutter eingeschärften Lügen wollten sie nie entlarven. Nach zehn Minuten traten sie jeweils – ebenso wie die unzählige Male anrückenden Polizeibeamten – den Rückzug an.

Auch heute sprechen sogenannt progressive Fachleute von Chancen und Motivation für die Junkie-Eltern und davon, dass ein Kind die Therapiewilligkeit der Heroinkonsumenten markant erhöhe. Diese falsche Zuversicht kostete mich und viele andere Kinder beinahe das Leben. Obwohl bekannt ist, welchen Gefahren und Belastungen die Fixer-Kinder ausgesetzt sind, schweigt das professionelle Hilfesystem, sobald es um die spezifische Rolle und die Verantwortung von Süchtigen als Eltern geht. In der naiven Annahme, die Abhängigen erhielten durch den Nachwuchs einen Lebenssinn, würden sich künftig auf ihre Pflichten konzentrieren und wie durch ein Wunder dem Heroin und dem Kokain abschwören, ist dieses Anliegen in den meisten Fällen zum Scheitern verurteilt. Das Argument, die betroffenen Mütter und Väter stellten ihren guten Willen unter Beweis, indem sie an einem Methadonprogramm teilnehmen, erwies sich in meiner Erfahrung ebenfalls als unsinnig und verantwortungslos.

Da offensichtlich war, dass viele Süchtige trotz dieser Substitution weiterhin harte Drogen konsumierten, wurden die Teilnehmer zur Abgabe von Urinproben verpflichtet. Doch ich kann mich nicht mehr erinnern, wie oft ich Mutter den Persilschein für den weiteren Heroinkonsum ausstellen musste, indem ich in einen Behälter pinkelte, worauf sie den Inhalt in der Mikrowelle erhitzte und das kostbare Gut in die nahe gelegene Arztpraxis schmuggelte, dort auf die Toilette verschwand und eine einwandfreie körperwarme Probe ablieferte. Obwohl sich die Vormundschaftsbehörde in den folgenden Jahren mehrmals nach meinem Wohlergehen erkundigte, dies vermutlich aufgrund externer Meldungen von Menschen, denen mein Elend nicht völlig egal war, konnte meine Mutter mit Verweis auf das Methadonprogramm und die »negativen« Urinproben stets glaubhaft versichern, dass alles in bester Ordnung sei. Eine Aussage, die ihr Arzt aus der Freikirchengemeinschaft stets bestätigte und die von meinem Beistand nicht infrage gestellt wurde.

Unterdessen besuchte ich die vierte Klasse in einem multikulturellen Umfeld, das dem Andersartigen weitaus toleranter gegenüberstand, als ich es auf dem Land erfahren hatte. So dachte ich zumindest anfänglich. Doch bald bemerkte ich, dass die meisten meiner Mitschülerinnen oder Mitschüler aus ähnlich schlimmen Familienverhältnissen stammten wie ich. Ein Problemfall mehr fiel nicht weiter auf, sondern fügte sich eher perfekt in diese Peer-Group ein. Den Erwachsenen, die mit ihren eigenen Dämonen beschäftigt waren – darunter Alkohol- und Drogenprobleme, Arbeitslosigkeit, häusliche Gewalt und mangelnde Integration –, fehlte es an Zeit und Interesse, um sich mit ihren Söhnen und Töchtern zu beschäftigen. Die waren im Alltag und in ihrer geistigen wie seelischen Entwicklung genau wie ich hauptsächlich sich selbst überlassen. Ich fand Leidensgenossen, und dieser Umstand veränderte mein Leben positiv. Bald realisierten wir, dass uns die Kollegen und Kolleginnen mehr Trost und Unterstützung vermittelten als Eltern, Pädagogen, Polizisten oder die Vormundschaftsbehörde. Mit diesen Erfahrungen wuchs eine Gemeinschaft heran, deren Mitglieder sich aufeinander verlassen konnten. Was in unserem Alltag inexistent war, Menschen, die uns ein Minimum an Zuneigung entgegenbrachten, sich um uns kümmerten und uns verbindliche Wertvorstellungen vermittelten, entwarfen wir nun selbst: ungeschriebene Gesetze, die wir unter keinen Umständen verletzten, da wir sonst das Vertrauen und die Loyalität untereinander aufs Spiel gesetzt hätten.

Verschiedene Kinder mit süchtigen Elternteilen gehörten zur Clique. Im Garten des Häuschens, in dem Priscilla lebte, lag der Müll meterhoch, auf den ersten Blick erkannte ich die dortigen Zustände als desolat. Anders verhielt es sich bei Janis, deren drogenabhängige Mutter zu vertuschen suchte, was der gewalttätige Vater an Zerstörung anrichtete. Hinter einer gepflegten Hausfassade und sauberen Gardinen spielte sich mit umgekehrten Hauptrollen Ähnliches ab wie bei mir zu Hause. Meine neue Freundin ernährte sich ausschließlich von Brot, das ihre Mutter nach Ladenschluss gratis beim Bäcker bezog und mit dem anderen stets verfügbaren Lebensmittel – Schokoladenaufstrich – versüßte. Jeder von uns hatte ein Schicksal zu bewältigen: In der Familie von Kiran gab es sexuelle Übergriffe durch den Vater. Bei Samira handelte es sich um ein unglückliches und misshandeltes Adoptivkind. Kim wurde versehentlich durch ihren Bruder angeschossen und überlebte schwer verletzt. Bei Maries Eltern handelte es sich um schwere Alkoholiker. Wenn ich meine andere Freundin Lola abholte, hörte ich ihre Schreie hinter den verschlossenen Türen. Sie wurde von beiden Elternteilen geschlagen. Lo sah ich nie weinen. Nach den Prügeln schloss sie sich in ihrem Zimmer ein, zog sich tolle Klamotten an, schminkte sich im Stil eines Ghetto-Girls, sprang aus dem Fenster, und zusammen zogen wir los. Gesprochen wurde über die familiären Zustände nur selten. Der Zusammenhalt der Clique zeigte sich in einer wortlosen Einigkeit, im stillen Mitgefühl für Situationen, die man in groben Zügen kannte und als unabänderlich akzeptierte, was unseren Willen stärkte, die glücklichen Momente miteinander intensiv zu genießen.

Als einzige Außenseiterin tolerierten wir Carmen in unserer Gang. Sie lebte mit ihren Eltern in der Gegend der sogenannt Mehrbesseren. Dieses gepflegte, ruhige Wohnquartier befand sich erhöht in unmittelbarer Nähe zum Waldrand. Ich mochte Carmen, die bei der Geburt einen leichten Hirnschaden erlitten hatte, was vermutlich dazu führte, dass sie im wilden Haufen, den wir formierten, nichts Schlechtes sehen konnte, keinerlei Furcht zeigte und nie Anzeichen von Standesdünkel an den Tag legte. Sie und ihre Schwestern trugen gebügelte Kleider. Dieser Umstand erschien mir ebenso exotisch wie die glänzende Haarpracht und die akkuraten Zahnreihen der Mädchen. Sie lebten in einem blitzsauberen Haus. Auf den neuen Möbeln standen frische Blumenarrangements. Im Keller befanden sich die Vorräte: Ein solches Schlaraffenland hatte ich noch nie gesehen. Die Mutter kümmerte sich um den Haushalt und kochte den Töchtern jeden Tag ein warmes Mittagessen. Der Vater, ein erfolgreicher Geschäftsmann, befand sich oft auf Reisen, und wenn er zu Hause war, behandelte er seine Frau und seine Kinder mit Respekt und Aufmerksamkeit. In dieser Familie gab es Liebe und Wohlwollen, Geborgenheit und Unterstützung. Der flüchtige Einblick in diese heile Welt, die mir später wie eine riesige Schokoladentorte hinter Panzerglas erschien, wurde zusätzlich durch Carmen versüßt, die mich großzügig mit Nahrungsmitteln aus der Vorratskammer versorgte.

Fortan drehten sich meine vorpubertären Träumereien exzessiv um ein konservatives Familienideal mit Mann, Frau und Kind, klarer Rollenteilung, finanzieller Sicherheit, Ordnung und Sauberkeit. Ich war nicht die Einzige in unserer Clique, die dieser Märchenvorstellung nachhing. Der innigste Wunsch jener, die aus asozialen Verhältnissen stammen – so ergaben meine Nachforschungen im Erwachsenenalter –, erfüllt sich tragischerweise nur selten: Denn wie sich ein bürgerlicher Traum in die Realität umsetzen lässt, wusste niemand von uns. Mein Hochzeitswunsch, bei dem ich ein Prinzessinnenkleid tragen und in einem Regen aus Glitzerkonfetti einen Mann küssen würde, der mich liebte und auf Händen trüge, wurde zudem unvermutet einem Realitätscheck unterzogen: Ein Jahr nach der Scheidung heiratete Mutter erneut. Herr Reza stammte aus Ägypten und benötigte dringend eine Aufenthaltsgenehmigung. Die Vermählung mit einer Frau, die ihm komplett fremd war und vor der er sich unübersehbar fürchtete, kostete ihn zwanzigtausend Franken.

Bei der Zeremonie im Stadthaus handelte es sich offensichtlich um eine Farce. Nicht nur Mutter, auch die Trauzeugen waren, zumindest nach meiner Einschätzung, auf den ersten Blick als Heroinkonsumenten erkennbar. Dass die Fremdenpolizei später nie an unsere Tür klopfte, erstaunt mich bis heute. Am großen Tag trug Herr Reza einen dunkelgrauen Anzug und blickte sehr ernst. Der Aufzug seiner Braut – ein rüschenbesetztes Nylonkleid, in der Afrolook-Frisur steckte ein winziger Schleier – wirkte dermaßen grotesk, dass ich bei Mutters Anblick von einem Lachanfall geschüttelt wurde. Dieses Verhalten trug mir einen Klaps auf den Hinterkopf ein und den Befehl, mein »neues« Secondhand-Kleid anzuziehen. Die Standesbeamtin ließ sich durch den Auftritt der abgetakelten Truppe samt Kind nicht beirren, sprach laut und deutlich die Sätze, und nach der Unterzeichnung der Papiere durfte der stille Herr Reza seine johlende Ehefrau küssen. Die Vorstellung von einem romantischen Kuss, der die ewige Liebe besiegelt, wurde natürlich nicht erfüllt: Offensichtlich angeekelt, erledigte Herr Reza diese eheliche Pflicht mit einem sekundenschnellen Streifen von Mutters Lippen. Der Ehemann suchte nach der Trauung sofort das Weite, und wir bekamen ihn in den folgenden Jahren nur noch selten zu Gesicht. Gut gelaunt, verließ die Gruppe den Ort des Geschehens, denn die frischgebackene Ehefrau lud zur Hochzeitsparty. Gefeiert wurde das glückliche Ereignis in unserer Wohnung. Anstelle von Champagner gab es Heroin für alle und anstelle einer Torte Kokain in Hülle und Fülle. Ich schlich mich nach draußen, lief in meinem Tüllkleid stolz die Straße entlang. Aber niemand beachtete mich.

Fast alle aus meiner Clique galten bereits in jungen Jahren als gestört oder, wie man es pädagogisch formulierte: als verhaltensauffällig. Während ich zu Hause immer öfter in stundenlange Untätigkeit verfiel, in meinem Kopf eine riesige Leere herrschte und ich in einen rätselhaften Zustand der Traurigkeit versank, geriet ich außer Rand und Band, wenn sich in meinem Alltag etwas Positives ereignete. Allein die Verkündung der Schulleitung von einem Orientierungslauf im Wald ließ mich Tänze des Glücks vollführen. So intensiv und halt los die negativen Ereignisse über mich hereinbrachen, so extrem, aber auch bewusst erlebte ich die kleinen Freuden, die sich mir boten. Die Ausgeglichenheit und die Vernunft im Umgang mit Gefühlen waren mir fremd geworden. Dieses Manko erwies sich auch später als Herausforderung, die ich mit einem Lernprozess verbinden musste; so ähnlich, wie wenn sich ein Analphabet als Erwachsener das Lesen und Schreiben beibringen möchte.

Im Primarschulalter wurde eine Aufmerksamkeitsstörung diagnostiziert. Vater wehrte sich mit Händen und Füßen erfolgreich gegen die Verschreibung starker Medikamente. Auf die Begutachtung durch einen Psychologen wurde verzichtet, man unterzog mich einem Intelligenztest, der zur Verwunderung aller positiv ausfiel, und verfrachtete mich in eine Kleinklasse. Mein neuer Lehrer blieb mir – als einziger fremder Erwachsener in all den schweren Jahren – in guter Erinnerung.

Ich vertraute ihm blind. Er war mein Held. Schulausflüge oder Klassenlager waren mir seit langem nicht mehr möglich, auch der sommerliche Besuch der Badeanstalt scheiterte am benötigten Eintrittsgeld von zwei Franken. Herr Gasser lieh mir für eine Tour das Fahrrad seiner Frau und versorgte mich mit einem warmen Pullover. Er verzieh mir mein Verschlafen, die nicht gemachten Hausaufgaben, die ungewaschenen Haare, meine unmögliche Garderobe.

Er setzte mir und den anderen Limiten, die wir einhalten mussten, taten wir dies nicht, waren Sanktionen zu befürchten. Gleichzeitig verriet er unsere Verfehlungen nie an die Eltern, weil er wusste, dass dies in vielen Fällen harte Prügel bedeutet hätte. Er sah seine Schüler nicht als Feinde, betrachtete unsere Unzulänglichkeiten auch als Resultat der zerrütteten Verhältnisse, in denen wir aufwuchsen, und beschränkte sein Engagement nicht nur auf den Schulunterricht. Ich erzählte ihm ein paar Dinge aus meinem Leben. Er nahm mich in den Arm. Er tat, was andere nicht taten. Er gab mir zu verstehen, dass mein Leiden eine Realität ist. Keine erfundene Lüge. Kein vorgespieltes Theater. Die Anerkennung eines Zustandes, der mir noch immer ein Rätsel war, unter dem ich aber zunehmend litt, tat mir gut.

# Allein

Bereits als kleines Kind lernte ich, mich auf Mutters Unberechenbarkeit einzustellen, feinste Schwingungen wahrzunehmen, mein Verhalten anzupassen, alles zu tun, um sie nicht zu erzürnen. Ohne Vater, der seine Frau am Abend zur Rede stellte und sie – falls er Zeuge verbaler Ausfälligkeiten oder tätlicher Zwischenfälle wurde – scharf in die Schranken wies, gab es niemanden mehr, der ihr Einhalt bot. Drogenbedingte Psychosen lösten wahnhafte und bösartige Zustände aus. Als Grund für eine Bestrafung konnte nun alles und nichts gelten, und die einzige Sicherheit in diesem Leben – mein Wissen, dass nichts mehr Gültigkeit hatte – versetzte mich zunehmend in einen Zustand der Verunsicherung und Ruhelosigkeit. Was an einem Tag befohlen wurde, belegte Mutter wenig später – ohne mein Wissen – mit einem Verbot. Keine einzige Aussage war länger als ein paar Stunden verbindlich, keine Handlung rational, kein Gemütszustand und keine Laune verlässlich. Organisatorisch, emotional und in meiner geistigen Entwicklung auf mich allein gestellt, lebte ich jahrelang ohne Routinen oder Strukturen einfach in den Tag hinein. Ein guter Tag begann damit, dass sich Mutter am Morgen einen Schuss setzen konnte und danach genügend Stoff im Haus war. An solchen Tagen kochte sie Kaffee, schminkte sich sogar und ging mit unserem Hund ins Freie, versprach einen Zoobesuch oder ein Spielzeug.

Die schlechten Tage überwogen bei weitem, und der morgendlichen Methadondosis folgte die hektische Beschaffung von Geld für den nächsten und den übernächsten Schuss. Gelang das nicht oder mit Verzug, was fast immer der Fall war, machten sich Entzugserscheinungen bemerkbar, die mit großer Aggressivität einhergingen.

Im Gegenzug zu meiner verfrühten Selbständigkeit drängte mich Mutter zunehmend in eine physische und psychische Abhängigkeit, der ich ohnmächtig gegenüberstand. Ich war ihr Besitz und immer mehr auch eine Art Leibeigene, die stumm und willenlos zu ertragen hatte, was sie mir auferlegte. Nachdem die zwanzigtausend Franken von Herrn Reza verschleudert waren, standen Betreibungsbeamte – und später auch die Freier – erneut vor unserer Tür. Nebst Tausenden von Franken, die Mutter monatlich für Heroin und Kokain ausgab, verschuldete sie sich nun auch in meinem Namen mit Unsummen durch unsinnige Katalogkäufe. Bereits als Zwölfjährige wurden Schuldscheine auf mich ausgestellt. Dieses illegale Verhalten bekämpfte ich mit allen Mitteln und begleitete Mutter auch zu den demütigenden Gesprächen auf dem Betreibungsamt. Die Hoffnung der Gläubiger, dass ich nach der Volljährigkeit für die Schulden meiner Mutter haften würde, zerschlugen sich aufgrund meiner Interventionen. Dennoch dauerte es im jungen Erwachsenenalter Jahre, bis meine Bonität wieder als gut qualifiziert wurde.

Die ständige Geldnot trug in meiner späteren Kindheit dazu bei, dass sich das Risiko von unberechenbaren Zuständen meiner Mutter vergrößerte, sobald das Monatsende näher rückte, die Alimente und staatlichen Zuschüsse verpulvert waren und Mutter nur noch der Verkauf ihres Körpers blieb, um an Bar-

geld zu gelangen. Als Drogen-Prostituierte musste sie Unvor-
stellbares mit sich machen und Unaussprechliches über sich
ergehen lassen. Hasserfüllt kehrte sie manchmal zurück. Damit
mir ein Sturz erspart blieb, wenn sie mich von einer erhöhten
Sitzgelegenheit herunterzerrte, flüchtete ich mich in solchen
Situationen, mittlerweile blitzschnell in meinen Reaktionen,
sofort in Bodennähe. Die Arme über dem Kopf verschränkt,
schützte ich mich in kauernder Position vor der Wut, schloss die
Augen und versuchte, mich gedanklich an einen schönen Ort
zu versetzen. Einmal zwang sie mich, ihr in die Augen zu blicken, verbot mir das Weinen, und als ich diesem Befehl nicht
Folge leisten konnte, schlug sie erneut auf mich ein.

Andere Bestrafungen schmerzten weitaus mehr, sie quälten
meine Seele: Das einzig verlässliche Lebewesen, der einzige und
größte Trost in dunklen Stunden – mein geliebter Hund, auf
den sich all meine Liebe konzentrierte – verschenkte sie eines
Tages ohne Vorankündigung an einen Junkie-Kollegen. Als ich
von der Schule nach Hause kam, war Ninos Platz leer, und
meine verzweifelten Suchaktionen blieben erfolglos. Mutters
Erklärung für eine Entscheidung, die mich in rasende Trauer
versetzte, lautete, ich hätte mich nicht genügend um das Tier
gekümmert. Eine andere Grausamkeit fand statt, als ich mich
einem absurden Befehl aktiv entgegenstellte. Sie verließ das
Haus wortlos, kehrte nach einer halben Stunde zurück, setzte
sich vor meinen Augen einen Schuss. Der Körper knickte weg,
der Kopf fiel nach hinten, und bereits lallend fragte sie: »Ist es
das, was du gewollt hast? Bist du jetzt zufrieden?« Ich begann
sie zu verabscheuen.

Lange Zeit verstand ich ihre Handlungen als Resultat meiner eigenen Fehlerhaftigkeit und später als Konsequenz einer

Sucht, deren Opfer sie ist. Die Bösartigkeit brachte ich nicht direkt mit jener Person in Verbindung, die mir wohl oder übel am nächsten stand. Das änderte sich mit zunehmendem Alter. Mutter war nicht dumm, wenn es um ihre eigenen Bedürfnisse und Vorteile ging. In der aufflackernden Abneigung erkannte sie instinktiv die Gefahr meiner inneren Trennung von ihr. Die wiederholte Drohung, die unregelmäßig eingenommenen HIV-Medikamente ganz abzusetzen oder sich mit einer Überdosis das Leben zu nehmen, würde ich jemals weggehen, hemmten den aufkeimenden Hass, dieses befreiende Gefühl, und erstickten die Rebellion und die Ablösung im Keim. Aus Angst vor ihrer Drohung, sich das Leben zu nehmen, aber auch aus Furcht vor dem nun angedrohten Kinderheim – die dortigen Zustände schilderte mir Mutter mit Verweis auf ihre eigenen Erfahrungen als fürchterlich – teilte ich mein Leid weiterhin niemandem mit. Sprach man mich direkt darauf an, relativierte und log ich, was Mutters Lebenswandel und mein Elend betraf, aber immer öfter träumte ich davon, sie möge nicht mehr nur durch die Polizei aufgegriffen und einige Tage eingesperrt, sondern zu einer langen Haftstrafe verurteilt werden, damit ich allein und in Ruhe groß werden könnte. Und doch liebte ich sie noch. Hatte ich es ihr nicht wiederholt zugeflüstert, als sie, die Spritze im Arm, wie ein Leichnam vor mir lag? Hatte ich nicht versprochen, alles zu tun, was sie wollte, wenn sie nur wieder erwachte?

Dass mir ihr Schicksal gleichgültiger wurde, bemerkte ich daran, dass ich bald nur noch Gefühle für sie empfand, wenn sie litt. Litt sie deswegen so übermäßig? Ihre Qualen, ihre Schreie, ihr Sterbenwollen und nicht -können kann ich niemals vergessen. Nicht nur das Weiterleben, auch andere Stra-

fen wurden ihr auferlegt. Als Folge des exzessiven Drogen-
konsums fielen ihr alle Zähne aus. Keine noch so starken
Schmerzmittel brachten Linderung. Sie schrie wie unter Fol-
ter, nächtelang, während ich sie mit Tee und kühlen Um-
schlägen versorgte. Ich weinte in größter Verzweiflung mit ihr,
wenn sie, wie unter Stromschlägen, zitternd und erbrechend
höllische Qualen litt, weil es an Heroin fehlte. Ich bedauerte
sie, wenn sie in Panik vor dem Tod, den sie sich an anderen
Tagen so sehr wünschte, beinahe krepierte.

Einmal geriet sie in die Fänge von Dealern, denen sie hohe
Geldbeträge schuldete. Sie verschwand tagelang. Ich wusste
nicht, ob sie noch lebte, blieb zu Hause, genoss mit schlech-
tem Gewissen die Stille. Mutter kehrte mehr tot als lebendig
zurück. Während der dreitägigen Gefangenschaft hatte man
sie misshandelt und mit einer Eisenstange verprügelt. Mehr
wollte sie nicht erzählen. Da sie sonst Drohungen und Verwüs-
tungen gegen jeden aussprach, der sich nur ein Widerwort
erlaubte, schloss ich aus ihrer Schweigsamkeit auf ein Drama,
bei dem sogar ihr Wille zur Destruktion ausgeschöpft worden
war. Mein versteinertes Herz zog sich bei ihrem Anblick zusammen. Die Rastlosigkeit begann sich dauerhaft in mir ein-
zunisten. Ich schnitt mir zum ersten Mal die Arme auf, ohne
dass ich jemals von dieser Art der Selbstverletzung gehört oder
gelesen hatte. Ich beschaffte mir eine Rasierklinge. Die ersten
Schnitte setzte ich oberflächlich an, die weiteren tief. Das Blut
rann in hellen, dünnen Strömen herab, ein Schauspiel, das ich
fasziniert beobachtete, als Mutter unvermutet in die Wohnung
trat. Ich erhob mich sofort, lief zur Toilette, bandagierte die
Verletzungen mit Toilettenpapier, zog zur Sicherheit eine Jacke
über und setzte mich wieder hin. Das Blut rann aus dem

Ärmel, hinterließ auf der Tischplatte ein Rinnsal, das träge in den Teppich sickerte. Mutter saß mir gegenüber, blickte mich an und durch mich hindurch. Sie zeigte keine Reaktion. Ihr Herz zog sich bei meinem Anblick nicht zusammen. Aus dem Schneiden machte ich ein wiederkehrendes Ritual: Klinge, Tupfer und Desinfektionsmittel bereitgelegt, befand ich mich jeweils in beinahe festlicher Stimmung. Das Ansetzen der Klinge bewirkte Aufregung und Vorfreude, dem schnellen Schnitt folgte ein brennender Schmerz, der nur langsam abklang. Blut, das sich aus kunstvollen Verästelungen zu einem breiten Strom verband, strömte aus meinem Körper. Die einsetzende Entspannung war umfassend. Auf dem Bett liegend, war alles Denken ausgeschaltet, und ich verbrachte Stunden in diesem makellosen Zustand. Die ausgiebige Pflege der Wunden tat mir in den folgenden Tagen gut: Unzählige Male eingecremt und mit Stoff umhüllt, verhätschelte ich mich selbst, während der Destruktionswille meiner Mutter keine Grenzen mehr kannte.

# Schreckliche Gewissheit

Nach zwei Jahren präsentierte sich die einst strahlend neue Wohnung in einem desolaten Zustand: die Teppiche verfleckt, die Tapeten abgerissen und verschimmelt, die Armaturen in Bad und Küche zerstört, der Balkon schmucklos und schmutzig. Der entsetzte Besitzer ordnete später eine Kernsanierung an, und wir mussten uns eine neue Bleibe suchen. Vorerst lebten wir im einzigen bewohnbaren Zimmer. Möbliert mit einer Matratze, die meine Mutter und ich uns teilten, und einem aufklappbaren Wäscheständer, an dem die gleichen grauen Socken monatelang hingen, gab es in diesem Raum außerdem zwei verdorrte Blumen in Töpfen und als zweite Dekoration ein Poster, das ich in vielen Stunden Einsamkeit betrachtete: Es zeigte ein afrikanisches Frauengesicht, zwischen den blutroten Lippen hing ein riesiger Joint.

Mein Aussehen nahm in der lang dauernden Obhut meiner Mutter geradezu groteske Züge an. Hunderte von Flohstichen bedeckten meinen Körper, der immer dünner wurde. Die Zähne wuchsen ungeordnet, später wurden die zahlreichen Fehlstellungen, manche Zähne lagen in doppelten Reihen hintereinander, nach langem Kampf mit der zuständigen Versicherung als Gesundheitsrisiko und optische Entstellung qualifiziert, worauf ich mich einer monatelangen ärztlichen Behandlung unterziehen musste. Obwohl meine Mutter groß gewachsen ist, stoppte mein eigenes Wachstum frühzeitig. Mangelerscheinungen führten dazu, dass sich das Skelett nicht voll entwickeln konnte, der Körperbau kindlich blieb. Meine Kleidung, die Papa jeweils wusch, starrte nach kurzer Zeit wieder vor Dreck, ebenso wie ich selbst, denn die Hygiene meiner Person erschien mir irgendwann sinn- und zwecklos. Seife, Shampoo, Waschmittel und Zahnpasta existierten in unserem Haushalt nicht mehr oder nur noch als verklebte, unbrauchbare Reste.

Einzig der Vorrat an Haarspray war beachtlich, den Mutter dosenweise im Supermarkt stahl und in die schwer zu bändigende Frisur sprayte: Nur noch selten trug sie aufwendig gearbeitete Haarteile und gezöpfelte Perücken. Unter diesen wandelbaren Attrappen befand sich ihr eigener Haarschopf; wild und widerborstig wie ihr Inneres. Einmal färbte sie den Afrolook platinblond und beschloss in einem Anfall von mütterlicher Zuneigung, dass ich von dieser Verschönerungsaktion nicht ausgeschlossen sein sollte. Etwas ging schief, und als wäre mein Haar in Brand geraten, machte mich das flammend rote Resultat wochenlang zum Gespött in der Schule, worauf ich einen erneuten Versuch wagte. Mit blauer Haarpracht und in Kombination mit meinem übrigen Styling sah ich nun aus wie ein Wesen von einem anderen Stern.

Ich trug immer dieselben Jeans, Shirts und im Winter eine alte Felljacke aus dem Brockenhaus. Warme Schuhe besaß ich keine, dafür lief ich als Zwölfjährige in hochhackigen Sandalen und Hotpants durch die Gegend, beides kaufte mir Mutter in einer umnebelten Anwandlung von Großzügigkeit. Niemand schien mein ungewöhnliches Äußeres zu bemerken, so wie auch andere Auffälligkeiten keine Reaktionen provozierten: Da ich die Hausschlüssel wiederholt verloren hatte, händigte mir Mutter keine neuen mehr aus. Immer auf der Gasse und selten zu Hause, verbot sie mir, bei den Nachbarn zu klingeln, um wenigstens im Treppenhaus warten zu können. Ihr Argument: So könne der Eindruck entstehen, ich sei ein Schlüsselkind. Bei Regen und Schnee wartete ich an der Seitenwand des Hauses hundertmal auf ihre Rückkehr. Stundenlang. Nach und nach schlossen die Geschäfte. Je später der Abend, desto ruhiger lag die Straße vor mir. Im Winter, wenn der Gefrierpunkt erreicht war und sich Schneefall ankündigte, wechselte die Farbe des nächtlichen Himmels. Den Flocken, die als schorfartige Fetzen zu Boden segelten, folgten wirbelnde Kristalle, die die fallenden Temperaturen und meine größer werdende Angst anzeigten: In solchen Nächten glaubte ich zu erfrieren. Seither fürchte ich den Winter und die Kälte. Wenn die Tage kürzer werden, erste Nebelschwaden den Feldern entlangschlendern und den grauen Horizont verwischen, gleite ich ab an den vereisten Seitenwänden meiner Seele und in Erinnerung an eine Zeit, die eine schreckliche Erkenntnis brachte: Mein Wohlergehen bedeutete meiner drogensüchtigen Mutter nichts mehr.

Mit zunehmendem Alter wuchs jedoch auch meine Überzeugung, dass sie mich sterben lassen, mir nicht zu Hilfe eilen würde, befände ich mich in akuter Gefahr, die sie bei unzähligen Gelegenheiten selbst provozierte. Die gebrauchten Spritzen lagen mit fortschreitender Verwahrlosung ungeschützt auf Bett und Boden verstreut, und trotz meiner Vorsichtsmaßnahmen setzte ich mich einmal in der Dunkelheit in eine offene Nadel. Der Umstand, dass Mutter HIV-positiv ist, mich eine solche Verletzung mit dem Virus anstecken könnte, kümmerte sie ebenso wenig wie der Umstand, dass ich Höllenqualen litt, bis mein Testergebnis – es war glücklicherweise negativ – endlich vorlag.

Mit fortschreitendem Alter war ich nicht mehr nur ihre Pflegerin, Trösterin, Begleiterin zu Arztterminen und auf Behörden, ihr Zielobjekt von Bösartigkeit und Aggression, sondern auch ihre Diebin und Beschafferin von Drogenutensilien: Ascorbinsäure wurde mir in der Apotheke wiederholt und ohne Fragen ausgehändigt, ebenso wie ein anderer verdächtig anmutender Kauf stets problemlos über die Bühne ging: Gripbeutel, die dem Abpacken von Kokain und Heroin dienten, erstand ich in der örtlichen Papeterie in großen Mengen, und auch der nächtliche Gang zum Spritzenautomaten der Stadt wurde zu einer Gewohnheit, an der sich nie jemand störte. Um Geld zu beschaffen, wurde ich zu einer geschickten Diebin von kostspieligem Parfüm. Im Geschäft befreite ich die bunte Schachtel lautlos von der Cellophanhülle, hob die an der Unterseite diskret geöffnete Verpackung interessiert in die Höhe und ließ den Inhalt sekundenschnell in den weiten Jackenärmel gleiten. Die Beute brachte ich sofort in Sicherheit, um den Vorgang in einem anderen Geschäft zu wiederholen: Vier solcher Diebstähle finanzierten ein halbes Gramm Heroin.

Nachdem Mutter verschiedene Male bei Polizeikontrollen in Zürich aufgegriffen worden war, riskierte sie, als Heroinkonsumentin in unserer Gemeinde gemeldet zu werden, und wechselte daraufhin die Strategie. Konnten die Sternenbühl-Dealer Puppi und Holger nicht liefern, nahm sie nun mich nach Zürich mit. Die neonerleuchtete Langstraße mit den versteckten Szenetreffpunkten, den Zuhältern und leicht geschürzten Frauen eröffnete sich mir als Zwölfjähriger. Das Wissen, wie ein Drogenkauf auf der Straße abzuwickeln ist, verdankte ich als Minderjährige – die man für eine solche Aktion gesetzlich nicht belangen kann, wie Mutter behauptete – ebenfalls der Schulung von Mama, wobei ich in diesem Zusammenhang und nachdem ich ihr den Stoff unauffällig in die Handfläche geschmuggelt hatte, zu einem seltenen Lob kam: »Gut gemacht.«

Mehr als einmal stand ich mitten im Zürcher Rotlichtquartier und wartete auf Mutter, die in einem Haus, das auch Drogentreffpunkt war, verschwunden war. Ob mich Freier ansprachen oder anfassten, kümmerte sie ebenso wenig wie der Umstand, dass ich nun immer öfter Zeugin davon wurde, wie sie konsumierte. Bei anderen Gelegenheiten tat sie dies in der Toilette des Zuges, der uns in die Agglomeration zurückbrachte: Ein Vorgang, der mehr als einmal in einem Chaos endete und dem ich wiederholt auf engstem Raum beizuwohnen hatte. Verlief das Prozedere normal, polterten nach zehn Minuten andere Fahrgäste oder der Ticketkontrolleur an die Tür, worauf Mutter schrie: »Es dauert, meine Tochter hat zum ersten Mal ihre Tage bekommen.«

Andere kleinere und größere Zwischenfälle festigten meine Meinung, dass sie mich in größter Gleichgültigkeit Gefahren aussetzte. In einer Nacht erwachte ich mit rasenden Kopfschmerzen. Meine stärker werdende Nervosität, die sich in morgendlichen Panikanfällen und in Schlaflosigkeit äußerte, bekämpfte Mutter monatelang, indem sie mir jede Nacht eine halbe Valium-Pille verabreichte. Das Medikament versetzte mich normalerweise in einen komaähnlichen Tiefschlaf, der durch nichts zu stören war. Doch nun drohte mein Kopf zu zerspringen. Ich zündete die Nachttischlampe an: Dichter

Rauch hing im Zimmer. Die Wände waren schwarz: Die Fenster standen offen, doch als ich mir über Augen und Stirn fuhr, klebte Ruß an meinen Händen. Sofort hielt ich Ausschau nach Mutter, die Stunden zuvor neben mir auf der Matratze gelegen hatte. Ich fand sie schließlich im flohverseuchten Nebenzimmer. Den durch eine Zigarette verursachten Mottbrand hatte sie gelöscht und sich selbst in Sicherheit gebracht. Mich überließ sie – schlafend – meinem Schicksal.

Doch nicht nur mein Tod, auch ihr eigenes Ende konnte nun jeden Tag eintreten. Sie konsumierte in dieser schlimmsten Absturzzeit exzessiv, geriet immer wieder in gewalttätige Auseinandersetzungen mit Dealern, aber auch ohne Knochenbrüche, Blutergüsse, aufgequollene Gesichtszüge und eiternde Abszesse befand sie sich in einem desolaten gesundheitlichen Zustand. Unzählige Pilzerkrankungen, verschiedene Formen von Hepatitis und das HI-Virus schwächten sie zusätzlich. Ihre HIV-Infektion und der mögliche Ausbruch von Aids lagen jahrelang wie ein Damoklesschwert über der Zukunft. Doch Mitte der Neunzigerjahre kamen neue und hochwirksame Medikamente auf den Markt, deren regelmäßige Einnahme den Ausbruch der Krankheit hinauszögern. Mutter wusste, dass ein gemäßigter Lebenswandel, eine gesunde Ernährung ebenso wie Vitaminpräparate den Verlauf der Immunschwäche und die Lebensdauer der Infizierten positiv beeinflussen können. Doch diese Neuigkeiten änderten nichts an ihrem zerstörerischen Lebenswandel.

Ihr baldiger Tod, den ich nun eher mit dem Ende meiner Leiden in Verbindung brachte als mit ihrer Nichtexistenz, ängstigte mich nicht mehr. Inzwischen hatte ich akzeptiert, dass meine verhasste Konkurrenz – das Heroin – im Kampf um ihre Liebe immer gewinnen wird und ich in ihrem Leben nie das Wichtigste sein werde. Äußerlich und innerlich war ich längst selbständig. Ich brauchte sie nicht mehr. Im Gegenteil. Ohne Mutter ging es mir in jeder Hinsicht besser. Genau wie meine Freunde aus der Clique sehnte ich den Tag herbei, an dem ich meiner häuslichen Situation entkommen würde, und wir gelangten mit der Zeit zu der Überzeugung, an den Katastrophen unserer Mütter und Väter nicht die Hauptschuld zu tragen. Bald, sehr bald, so hoffte ich, würde Papa mich bei sich aufnehmen. Bis es so weit war, ging es nun darum, die restliche Zeit zu überleben.

In all den Jahren, in denen ich mitansah, wie Mutter sich zugrunde richtete und zu einer Fremden wurde mit einer Gefühlswelt, zu der ich keinen Zugang mehr fand, blieb die Angst vor dem Hunger mein verlässlichster Begleiter. Hatte sie bereits auf dem Land nur noch selten und meist ungenießbar gekocht, sorgte Vater damals dafür, dass hin und wieder ein Topf Pasta auf dem Tisch stand und der Kühlschrank mit einigen Lebensmitteln gefüllt war, die ich als Kind sofort verzehren konnte. Seit der Scheidung der Eltern standen in der ersten Hälfte des Monats Lebensmittel zur Verfügung: Ich aß auf Vorrat und immer im Wissen, dass bald magere Wochen folgten, weil Mutter jeden Rappen für die Beschaffung von Drogen ausgeben würde. Neunjährig rauchte ich die erste Zigarette und bemerkte, dass ein gestohlenes Brötchen das Hungergefühl länger tilgt, wenn man davor und danach Nikotin inhaliert. Irgendwann schnappte Mutter auf, dass der Diebstahl von Nahrung in der Schweiz strafrechtlich nicht verfolgt werden kann, da es sich bei diesem Vergehen um einen sogenannten Mundraub handle, wie sie mich aufklärte. Fortan gingen wir zusammen auf Diebestour. Meine Hoffnung, zu Hause würden danach Brot, Wurst und Kuchen auf dem Tisch stehen, wurde fast immer enttäuscht. Sie stahl, was den kulinarischen Gelüsten einer Drogensüchtigen entsprach, und in besseren Wochen ernährte ich mich ausschließlich von Vanillecreme oder Quark. Als Elfjährige hatte ich bereits zwölf Kilogramm Untergewicht. Als dreizehnjähriger Teenager passten mir die Klamotten von achtjährigen Kindern, wobei die Hosenbeine an den Knöcheln und die Ärmel der T-Shirts über den Ellenbogen endeten.

Abgesehen von den Weihnachtsfeierlichkeiten, die wir in der Gemeinde der Freikirche verbrachten, was mit einem kostenlosen Essen verbunden war, erinnere ich mich an eine einzige gemeinsame Mahlzeit mit Mutter – eine Episode, die mit einer etwas längeren Geschichte verbunden ist: Da meine extreme Müdigkeit im Schulunterricht nicht unbemerkt geblieben war, zitierte man Mutter zu einem Elterngespräch, worauf sie meine nächtliche Valium-Dosis von einem Tag auf den anderen absetzte. Ich litt unter Entzugssymptomen, die Dosis musste schließlich über mehrere Wochen hinweg reduziert werden. Zur gleichen Zeit kam eine Maßnahme zum Tragen, die meine Mutter als vernünftig qualifizierte: Sie beschied mir, falls ich Marihuana rauchen wolle, solle ich dies nicht im Kreise meiner Kollegen tun, sondern mich vertrauensvoll an sie wenden. Wochen später folgte ich ihrem Ratschlag. Sie verschwand, kehrte in die Wohnung zurück und hielt mir einen schwarzen Harzklumpen unter die Nase. Die folgende Lektion betraf das fachmännische Drehen eines Joints. Diesen rauchte ich, als handle es sich um eine Zigarette, und spürte keine Wirkung, worauf mir Mutter riet, den Rauch länger in der Lunge zu belassen, ansonsten der Konsum keine Wirkung zeige. Ich tat, wie sie mich geheißen hatte.

An die nächsten Stunden erinnere ich mich kaum. Ihr Plan, ein superstarker Joint möge mich dermaßen aus der Bahn werfen, dass ich vom Wunsch, zu kiffen, ein für alle Mal geheilt sei, erfüllte sich natürlich nicht. Dass sich Mutter einen Schuss setzte, während wir gemeinsam rauchten, störte mich, doch dieses Gefühl löste sich bald in einer übergroßen Heiterkeit auf. In der verbindenden Aktivität, die Mutter »Mädchen-nacht« nannte, beschlossen wir einen Wettbewerb: Wer die stärker werdende Müdigkeit länger bekämpfen kann und ohne Schlaf bleibt, hat gewonnen. Fünf Videofilme später – wir lachten Tränen und kreischten vor Vergnügen – überfiel uns der Heißhunger. Beim örtlichen 24-Stunden-Take-away tischten wir eine haarsträubende Lügengeschichte auf, erhielten das Essen auf Pump und freuten uns zu Hause wie Bolle über das – gemeinsame – Gratisessen. Den Betrag bezahlte Mutter nie zurück, und in den folgenden Monaten musste ich einen großen Bogen um den Imbissstand machen.

Unsere eigene Küche konnte ohne Übertreibung als Ort des Grauens bezeichnet werden. Im meist leeren Kühlschrank lagerten die Medikamente und im besten Fall ein Ei. Der nie benutzte Herd diente als Ablagefläche für Geschirr, Besteck sowie anderes sinnloses Küchenzubehör, das im Haushalt meines Vaters fehlte, bei uns jedoch nie benutzt wurde. Anders als der Mikrowellenherd. Das Standardrezept lautete: Ein Ei wird zusammen mit Wasser und Mehl zu einem dicken Brei verquirlt in ein Gefäß gefüllt und in der Mikrowelle erhitzt. Diesen eingestockten Brei aß ich in der zweiten Hälfte des Monats ein paarmal, dann rebellierte mein Magen, und jeder Bissen führte zu heftiger Übelkeit. Das Unvermögen, aber auch der Unwille, diese Kost weiterhin zu verzehren, quittierte Mutter mit der Bemerkung, mein Hunger könne wohl nicht allzu groß sein. Der Hunger ist als Gefühl schlecht zu beschreiben, wenn er da ist, durchläuft er innert kürzester Zeit verschiedene Phasen: Zuerst tippeln kleine Wesen durch die Bauchgegend. Mit winzigen Schaufeln ausgerüstet, bohren sie Löcher, höhlen Gräben und Tunnels aus und lassen den Aushub achtlos liegen. Der Magen rebelliert gegen diesen Vorgang, knurrt böse, und das Bedürfnis nach Sättigung ist dermaßen penetrant, dass man es zuerst unter allen Umständen stillen will.

Anfänglich bekämpfte ich den Hunger, verabscheute ihn, wünschte ihn weg und beobachtete meinen Körper misstrauisch: Die Rippen zeichneten sich ab, Arme und Beine wurden spindeldürr. Betrachtete ich mich im Spiegel, sah ich ein winziges Puppengesicht mit heller werdender Haut und Augen, die schwarz und zornig blickten. Vater organisierte, dass ich im Tankstellenshop heimlich Sandwiches beziehen durfte. Die neonhelle Schrift, die in einem gleißenden Oval stehenden Tanksäulen erschienen mir als rettende Insel, wenn sich der Hunger durch nichts ablenken ließ. Vollkorntoast und Weißbrotscheiben, belegt mit Schinken, Käse, Tomaten und Salatblättern, verzehrte ich einige Wochen lang in großen Mengen. Aufgrund eines dummen Zufalls erfuhr Mutter von der heimlichen Begleichung der Rechnungen durch Papa. Sie gebärdete sich wie eine Furie, rief die Polizei, alarmierte den Beistand, worauf die Erwachsenen eine Krisensitzung abhielten. Mein Beistand kam zum Schluss, ich dürfe künftig keine belegten Brote mehr beziehen, da dieses Vorgehen die Erziehungsprinzipien meiner Mutter unterlaufe. Man organisierte, dass ich über Mittag bei einer Familie essen durfte. Da ich jeweils Unmengen verschlang, wurde ich getadelt, und mich beschlich ein schlechtes Gewissen, wenn ich mehr als einmal schöpfte. Papa fing mich weiterhin am Bahnhof ab, übergab mir Plastiktüten mit Schokoladenmilch und Joghurt, und in einer dunklen Ecke kauernd, schlang ich alles in mich hinein.

Bald verstand ich, dass der überlebenswillige Mensch dem Hunger vieles opfert, aber auch, dass Speisen heilig sein können als Opfergabe, die Götter milde stimmt, oder als unsinnige Völlerei Dekadenz andeuten. Ich neidete Janis die Schokoladenbrote und hasste die fröhlichen Kinder, die mir von riesigen Werbeplakaten knusprige Waffeln und Becher mit Kartoffelstock entgegenhielten. Ich litt unter Schwächeanfällen, wenn der Hunger über Tage hinweg nicht gestillt werden konnte, doch dann realisierte ich, dass diesem Zustand eine Erleichterung folgte, mein Körper Reserven anzapfte, mir Ruhe gönnte und das Hungergefühl immer öfter verschwand, manchmal tagelang. Eine Erdbeere, ein Kanten Brot geriet danach zu explodierenden Geschmackserlebnissen, so wertvoll, intensiv und wunderbar, dass mir schwindlig wurde. Kam ich in der dritten und vierten Woche des Monats zu einer ergaunerten oder geschenkten Mahlzeit, war meine Freude anfänglich groß, doch mein Magen bekämpfte diesen Verrat mit Übelkeit. So verbündete ich mich mit dem Hunger, das brachte mir mehr, als ihm feindlich gegenüberzustehen, und er schenkte mir als Beweis seiner Freundschaft Zustände wie im Rausch sowie das komplette Unvermögen, mich länger als zwei Minuten auf die Realität konzentrieren zu können.

Mein äußerliches Elend war längst augenfällig. Sprachen mich manche Menschen auf meine Verwahrlosung an, beschwichtigte und log ich weiterhin. Jene, die bei meinem Anblick und trotz meiner Beteuerungen, alles sei in bester Ordnung, grobes Unheil erahnen mussten, blieben untätig. Was ich bisher nicht einordnen konnte und also auch nicht hinterfragte, erschien mir mit zunehmendem Alter seltsam. So seltsam, dass ich an meiner Einschätzung der Geschehnisse, an meinem Verstand immer seltener zweifelte. Wenn doch, sprach ich mir Mut zu, beschwichtigte, indem ich mir sagte, dass nicht ich abnormal sei, sondern meine Mutter und vielleicht auch andere Menschen; gleichzeitig drängte sich nun die hartnäckige Frage auf, wieso ich mich noch immer in dieser Situation befand. Die Nachbarn, der Pfarrer, der Tankstellenshop-Besitzer, manche Eltern oder andere zufällig involvierte Menschen machten keine Anstalten, mich zu retten. Oder intervenierten sie bei der zuständigen Behörde, und diese blieb – entgegen dem gesetzlichen Auftrag – untätig? Dass auch unzählige Polizeieinsätze, bei denen die Beamten Zeugen der desolaten Zustände wurden, kein Eingreifen der Vormundschaftsbehörde bewirkten, die meine Befreiung hätte prüfen müssen, erstaunt mich heute nicht mehr. Jene, die über keine Lobby verfügen, sind leichte Opfer: Weil von der allfälligen Hilfeleistung niemand erfährt und das Nichtstun keinerlei negative Konsequenzen bewirkt.

Vielleicht sahen diese Menschen in mir bereits meine hoffnungslose Mutter, sie gaben mich frühzeitig auf, und manche nutzten meine Schwäche und meine Bedeutungslosigkeit aus, um nicht aktiv werden zu müssen. Heute weiß ich, dass ich nicht die Einzige bin, die vergessen ging. Während den Fixern nach der Schließung von Platzspitz und Letten ein gassennahes Angebot gemacht wurde, saubere Spritzen, die Ausweitung der Methadonabgabe und die ärztlich beaufsichtigte Drogenabgabe dafür sorgen sollten, dass es ihnen besser geht, blieben ihre Kinder hilflos in einem unwürdigen Dasein gefangen.

Meine schulischen Leistungen verschlechterten sich in der sechsten Klasse. Die lähmende Untätigkeit ergriff mich erneut. Stundenlang saß ich reglos in der Wohnung, versuchte nachzudenken, versuchte, Ordnung zu schaffen. Doch das unglaubliche Chaos, das sich in meinem Kopf und in meiner Seele zusammengebraut hatte, lichtete sich nicht wie erhofft mit zunehmendem Alter, sondern verwuchs zu einem undurchschaubaren Dickicht, aus dem die Flucht unmöglich schien. Nicht nur der anstrengende Alltag mit meiner Mutter, auch die negativen Konsequenzen der Mangelernährung auf meine intellektuellen Fähigkeiten führten dazu, dass ich die Aufnahmeprüfung in die Sekundarschule A nicht bestand. Bis in die fünfte Klasse war mein Lehrer überzeugt gewesen, dass ich den Übertritt ins Gymnasium schaffen könnte, nun zerplatzten meine beruflichen Träume mit einem Schlag. Als Tierärztin hatte ich mich gesehen, als Sozialarbeiterin, als Mensch, der anderen Lebewesen Gutes tut und selbst ein sinnvolles und erfolgreiches Dasein führt. Zum ersten Mal in meinem Leben schob ich die Schuld an einem Misserfolg verbittert auf fremdbestimmte Umstände. Ich fühlte mich schlecht dabei. Es fehlte mir damals an Kraft, um mein Denken in eine andere Richtung zu lenken.

Den meisten aus meiner Clique erging es ähnlich, die Hoffnungen auf einen Schulabschluss und eine gute Lehrstelle zerschlugen sich vor unseren Augen, und die Meinung festigte sich, dass andere, die mit besseren Voraussetzungen gestärkt ins Leben starten, ganz leicht an ihre Ziele gelangen. Diese Haltung schuf einen neuen Zusammenhalt, jedoch auch den Nährboden einer jugendlichen Subkultur, die über ähnliche Feindbilder verfügte: die Gesellschaft, die Reichen, die Polizei, unsere Eltern. Die meisten meiner Kollegen und Kolleginnen waren älter als ich. Aufgrund meiner extremen Kindheit und der damit verbundenen Erlebnissen, wurde ich als Zwölfjährige voll in der Gruppe akzeptiert. Was mir in der übrigen Gesellschaft bereits als Kind den Status einer asozialen Außenseiterin eintrug – meine Herkunft, meine Verwahrlosung, meine turbulenten Gemütszustände –, galt in meiner Peer-Group nicht als Makel, sondern als Stärke und als Voraussetzung, um in diesem Umfeld respektiert zu werden. An diesem Prinzip hielten wir uns schließlich fest: Weil uns die schlechten Erfahrungen vom Rest der Welt abgrenzten, versuchten wir, daraus eine Stärke abzuleiten.

Die meisten aus meiner ehemaligen Kinderclique gehörten zu dieser eingeschworenen Gemeinschaft: Lola, Janis, Priscilla, Marie, Stella, Kiran, Kim, Gregor, Samira und Simon. Die Jungen waren nun baumlange Teenager, manche Mädchen schminkten sich und legten Wert auf ihre Garderobe. Die Label Kappa, Buffalo und Adidas und mit ihnen die übergroße Kleidung der amerikanischen Gangstarap-Kultur standen hoch im Kurs. Für andere Jugendliche handelte es sich bei diesem Stil um nichts weiter als ein modisches Statement. Wir zeigten damit unsere Zugehörigkeit zu jenen musikalischen Interpreten, die wir verehrten, weil wir in ihnen Schicksalsgenossen erkannten. Wenn Tupac und Co. es schafften, berühmt und gesellschaftlich anerkannt zu werden, dann gab es auch für andere, die aus der Gosse stammten, Rettung. Mein Kleiderbudget war gleich null. Ich kopierte den Stil, indem ich die schwarzen Klamotten meiner Mutter trug, diese an Armen und Beinen umkrempelte und mit Gürteln und Schnüren zusammenband. Niemand wagte bei meinem Anblick zu lachen. Für diesen abwegigen Stil wurde ich sogar gelobt. Genau so funktionierte unsere Clique.

Der früheren Kindheitsträume beraubt, drehten sich unsere Hoffnungen um die baldige Befreiung von jenen, die es nicht gut mit uns meinten: unsere Mütter und Väter. Wir klammerten uns aneinander, und in der Überzeugung, dass unsere Freundschaften für die Ewigkeit bestimmt sind, hätte ich für meine Leute alles gemacht. Die Freizeit verbrachten wir an verschiedenen Plätzen in der Natur, auf dem Pausenhof oder am Bahnhof. Wir rauchten, kifften, redeten, lachten, tanzten. Wir hatten den festen Willen, alles zu vergessen, was uns belastete, und genossen die guten Momente intensiv. Ab dem dreizehnten Altersjahr durfte ich den einzigen Jugend-Treffpunkt der Gemeinde besuchen. Dieser geheizte Ort mit einem DJ-Pult, einer Tanzfläche samt Lichtshow, einem Café und unzähligen Sitzgelegenheiten wurde zu meiner Schutzzone und zu meinem Zuhause. Meine innere Ruhelosigkeit tanzte ich fortan unter einem Lichterregen weg, stundenlang, bis ich in eine Art Trancezustand verfiel, aus dem mich Simon eines Nachts befreite, indem er mir lächelnd ein Glas Coca-Cola anbot.

Ihn kannte ich weniger gut als die anderen Mitglieder der Gruppe. Besonnener als der umtriebige Rest, war er immer dabei und manchmal doch weit weg. Seine Gemütslage konnte, wie ich es von mir kannte, innert weniger Minuten umschlagen, und genauso hyperaktiv wie ich, war er mir ohne große Worte vertraut. Ich fand ihn schön: das feine Gesicht, die blonde Strubbelfrisur, die grazile Gestalt. Wir verliebten uns stürmisch. Mit meiner ersten Liebe konnte ich später über alles sprechen, und im Wissen, dass es jemanden gibt, dem ich das Wichtigste auf der ganzen Welt bin, erlebte ich das häusliche Elend in den folgenden Monaten gedämpft und beinahe schmerzlos.

Ich konzentrierte mein ganzes Denken und Sein auf Simon und fühlte mich zum ersten Mal in meinem Leben über einen längeren Zeitraum hinweg zufrieden und glücklich. Sein Vater erlaubte, dass ich ihn zu Hause besuchte, und Simon servierte mir jedes Mal belegte Brote. Wir lagen auf seinem Bett, träumten, hörten Musik, küssten uns. Er bedrängte mich nie. Genau wie ich war er auf der Suche nach Geborgenheit und Herzenswärme. Hielt er mich mit seinen Armen umschlungen, vergaß ich alles, was war. Nichts konnte meine aufgebrachte Seele nun mehr beruhigen als seine Anwesenheit. Er war sanftmütig, klug und verträumt. Was ich liebte, sein jungenhaftes Äußeres und sein friedfertiges, zurückhaltendes Wesen, wurde ihm viele Jahre später zum tödlichen Verhängnis. Doch damals bestand unsere Clique aus früh erwachsen gewordenen Kindern, die eine Hoffnung verband: Aufgrund der misslichen Umstände, in die man unglücklicherweise hineingeboren wurde, schöpft man Kraft für den eigenen Weg und den Erfolg.

So lautet der Hip-Hop-Traum unserer Clique. Er verband uns als Jugendliche, erwies sich jedoch in den allermeisten Fällen als Trugschluss. Im Streben nach einem schnellen Glücksgefühl und einem künstlich vergrößerten Selbstbewusstsein, das einen die eigenen Versäumnisse, aber auch diejenigen der andern vergessen lässt, stürzten viele meiner ehemaligen Weggefährten später ab. Andere – unter ihnen auch mein Simon – erlangten allenfalls kurze Berühmtheit, wenn die Zeitungen von den rätselhaften oder skandalösen Umständen ihres Todes berichteten. An meinen Freunden lassen sich steigende Gewaltbereitschaft, Drogen- und Alkoholkonsum, Kriminalität und grassierende Arbeitslosigkeit unter unterprivilegierten Jugendlichen leicht aufzeigen. Noch immer bin ich der Meinung, dass jeder erwachsene Mensch Verantwortung für seine Handlungen übernehmen sollte. Doch sehe ich das tragische Scheitern vieler Kollegen auch in Zusammenhang mit Erziehungsberechtigten, die ihre Verantwortung niemals wahrnahmen, schlechte Vorbilder abgaben, ihre Söhne und Töchter im Stich ließen, sie nicht liebten, ihnen kein gutes Selbstwertgefühl und keine vernünftigen Visionen für das Leben vermittelten.

Meinem Vater fiel die Verarbeitung der Vergangenheit schwer. Ich erlebte ihn haderund und hasserfüllt gegenüber derjenigen, die sein Dasein ruiniert hatte und die Zukunft verunmöglichte. Sein Leben war auch nicht perfekt, aber er riss sich immer wieder zusammen. Für mich. Für uns. Das werde ich ihm nie vergessen. Er ermöglichte mir, Großmutter wieder zu sehen. Sie kochte meine Lieblingsspeisen und ließ mich dreimal schöpfen. Sie versuchte, mit mir zu spielen. Aber ich hatte das Spielen endgültig verlernt. Sie nahm mich in den Arm. Ich weinte bitterlich. Sie ermahnte mich, nicht zu heulen, sondern zu kämpfen. Sie hob bei jedem meiner Besuche die Hosenbeine in die Höhe und begutachtete auch meinen Bauch, der oft genauso mit dunklen Flecken, Spuren von Mutters Handgreiflichkeiten, übersät war. Zu ihrem Sohn sagte Großmutter: »Was in ihrer Seele kaputtgegangen ist, wird sich erst zeigen, wenn sie zwanzig ist.« Das ihm unabänderlich Erscheinende akzeptierend, versuchte mir Papa im Gegenzug eine

Welt zu eröffnen, die meinem großen Bedürfnis nach Ablenkung entsprach. In der Musik fand ich Trost, seit ich ein kleines Kind war, und viele seiner Platten und CDs erfüllten mich mit Kraft und Freude. In den Klängen von Deep Purple und Manfred Man erkannte ich früh schwebende Weisheiten, die an mich und an mein Leben gerichtet waren. Ohne die Texte zu verstehen, glaubte ich zu wissen, was man mir mitteilen will, und fühlte mich in allen Gefühlen ernst genommen. Klein noch, besuchte ich auf den Schultern von Papa ein Live-Konzert: Meat Loaf. Ausgerüstet mit einem Feldstecher, geblendet durch die Stroboskoplichter, versank mein Unglück in diesen Stunden in einem betäubenden Schwindel, aus dem ich wie geläutert erwachte.

Als es Papa finanziell ein wenig besser ging, er einen Wochenendjob als Beleuchter im Zürcher Volkshaus gefunden hatte, organisierte er Konzerttickets: für jene Bands und Interpreten, die ich inzwischen liebte und zunehmend vergötterte. Die Kelly Family hielt ich für den Inbegriff einer tollen Familie, die ihre friedliche Weltanschauung musikalisch, aber auch in Worten auszudrücken wusste. Teenie-Gruppen wie Tic Tac Toe, PJ & Duncan, die Backstreet Boys, aber auch die Boogie-Woogie-Legende Fats Domino gehörten zu meinen Favoriten. Die Vorfreude auf ein Konzert begleitete mich jeweils wochenlang, und in der Zwischenzeit flüchtete ich mich in fantastische Scheinwelten, die ich so gestalten konnte, wie ich wollte. Meine Hoffnungen in Menschen aus Fleisch und Blut hatten sich bisher nicht erfüllt, aber in meinen Träumen entwarf ich komplexe Szenarien mit Zaubergestalten, die sich genauso tatkräftig und freundlich verhielten, wie ich es mir wünschte. Die Konzerte wurden zu meinem Lebensinhalt und schufen auch eine enge Verbindung zu meinem Vater, der mir diese Erlebnisse ermöglichte, indem er selbst auf vieles verzichtete. Mit tausend anderen strömten wir jeweils in die Halle, die leere Bühne bereits erleuchtet, die Scheinwerfer auf sie gerichtet, Spannung und Hoffnung pulsierten. Beides löste sich beim ersten Ton in tausendfachem Jubel auf, und die Erwartung jener, die eine geistige und seelische Flucht planten, wurde nie enttäuscht. Nach zeitlosen Ewigkeiten erwachte ich oft weinend in der Realität.

Die Rückkehr in den Alltag fiel mir schwer. Wie durch eine Lupe nahm ich meine Wirklichkeit in den folgenden Tagen wahr, konnte die Augen nicht mehr abwenden von Dreck und Mangel, konnte keine Ausreden mehr erfinden für die Zerstörungswut der Erwachsenen. Zu Hause hämmerte ich mit den Fäusten gegen die Wände meines beschränkten Daseins und stoppte erst, als Blut aus der Platzwunde schoss. Später legte ich mir eine andere Haltung zu, begann im Schutz wunderbarer Erinnerungen, die ich bald minutiös zu konservieren wusste, von den guten Gefühlen zu zehren, tauchte hundertmal in die fantastischen Erlebnisse ein, ließ die euphorische Gefühlswelt immer und immer wieder aufleben. Als Beweis für das Gute in meinem Dasein gestaltete ich ein Album, klebte Autogrammkarten, Polaroidbilder, Tickets ein und hielt das Erlebte zeichnerisch fest. In der Schule besaß ich nun etwas, was die anderen nicht vorweisen konnten: Meine dutzendfache Konzerterfahrung trug zu meinem Status bei. Bei manchen Songs heulte ich bereits als kleines Kind wie ein Schlosshund, andere Rhythmen und Texte ließen mich die harten Zeiten durchstehen: Tupac Shakurs »Keep Ya Head Up« blieb eine meiner Hymnen. Die Hymne jener Menschen, die Schweres erleben, straucheln, fallen, nicht liegen bleiben, sondern aus dem Verlust, dem Verrat, dem Unrecht und der Enttäuschung Stärken ableiten.

Meine musikalischen Vorlieben und Interpreten wechselten ab dem frühen Teenageralter ständig und nahmen mich mit einem solchen Fanatismus gefangen, dass sich durch ihre Existenz auch meine Realität veränderte. Dutzende meiner Lieblingssongs schrieb ich Zeile für Zeile ab. Danach sang ich die Lieder tausendmal nach. Ich sang mich weg von allem, bereiste musikalisch die Welt und fand die große Liebe, bildete mich weiter, eignete mir Meinungen an, kam zu Ansehen und Stärke, und in der Auseinandersetzung mit den einzelnen Texten erkannte ich, dass die besten Interpreten und Songschreiber gesellschaftliche Missstände kritisieren, sich für die Rechte von Minderheiten einsetzen und alle menschlichen Qualen und Sehnsüchte nachvollziehbar machen. Hin und wieder sagte man mir nun, meine Stimme sei schön. Unterstützt von meinem Lehrer und im Wettstreit mit einem Mädchen aus dem Villenquartier, ergatterte ich die Hauptrolle im Schülerstück, das im Amphitheater aufgeführt wurde. Der Ehrgeiz packte mich. Ich übte wochenlang, brachte mir alles selbst bei, stand zum ersten Mal auf einer Bühne, und alle Blicke auf mich gerichtet, bestand ich diese Bewährungsprobe, die ich erbettelt, ersehnt, aber doch gefürchtet hatte. In dieser Nacht sang ich mir den Schmerz von der Seele. Nach dem letzten Ton herrschte sekundenlang Totenstille. Dann setzte tosender Applaus ein. In diesem Moment war ich glücklich.

Monate später fand das Glück auch wie durch ein Wunder meinen Vater. In Form von Ella, seiner zweiten Frau und großen Liebe. Meine baldige Stiefmutter mochte ich auf Anhieb.

Anfänglich spürte ich noch feine Stiche der Eifersucht, glaubte die zweitägige Einigkeit von Papa und mir gefährdet. Doch dann erkannte ich in ihr auch meine Chance. Genauer gesagt, Ella entsprach, fürsorglich, zurückhaltend und drogenfrei, meiner etwas limitierten Wunschvorstellung von einer Traummutter. Sie war eine elegante Erscheinung, eine gute Köchin und eine ordentliche Hausfrau. Sie schlug nicht. Sie schrie nicht. Sie randalierte nicht. Dass die beiden stritten und sich danach versöhnten, sich in vernünftigem Tonfall über die verschiedensten Themen unterhielten, einander umarmten, miteinander lachten und mich eng in all ihre Aktivitäten einbanden, erfüllte mich anfänglich mit ungläubigem Staunen und dann zum zweiten Mal in meinem Leben mit Hoffnung. Bald würde ich mit Vater und Mama-Ella zusammenziehen, und wir entsprächen endlich jenem Familienidyll, das ich vor der überstürzten Scheinhochzeit von Mutter so innig erträumt hatte. Vater blühte auf. Er war glücklich, das spürte ich intensiv. Er schöpfte neuen Lebensmut, und bereit, den bösen Zauber abzustreifen, beschloss er die Heirat im fernen Kamerun sowie bei der Rückkehr in seine Heimat den Aufbau eines gemeinsamen Geschäfts. So abenteuerlich der Plan klingen mag, die Idee funktionierte.

Nachdem alle Bewilligungen eingeholt waren, importierte Ella Seezungen aus Afrika, die sie in einem eigenen kleinen Laden in Zürich verkaufte, derweil Papa günstige Gebrauchtwagen instand setzte und mit einem guten Gewinn nach Kamerun exportierte. Mit Ella lernte ich meine afrikanischen Wurzeln kennen. Sie servierte entsprechende Speisen, trug bei speziellen Gelegenheiten traditionelle Kleidung und führte mich in die westafrikanische Gemeinschaft von Zürich ein. Ich fühlte mich in diesem Umfeld geborgen, begann, die entsprechenden Kodexe zu entschlüsseln, liebte die Herzlichkeit und Offenheit, mit der diese Menschen Papa und seinem zunehmend verwildert aussehenden Kind begegneten. Die tausendmal verdiente und beinahe unglaubliche Wende im Dasein meines Vaters erschien mir beinahe unwirklich. Gleichzeitig wuchs meine Hoffnung, dass ich mein eigenes Zimmer bei Ella und Papa bald für immer beziehen durfte.

## Abschied

Das Glück war nicht von Dauer, und als Teenager geriet ich vorübergehend in einen Strudel aus Kraftlosigkeit und Fatalismus. Beides wurde durch ein Drama verstärkt, das meinen Vater und mich erneut an den Abgrund führte, den bösen Zauber zurückbrachte, von dem wir uns dank Ella befreit geglaubt hatten. Die Erinnerungen an diesen Tag sind nur noch bruchstückhaft vorhanden. Scherenschnittartig gezeichnet, erspart mir mein Unterbewusstsein jene filigranen Harmlosigkeiten, die eine Katastrophe im Nachhinein färben, und je banaler die Details, die Gesten und Worte, was man aß, was man trank und wie man sich fühlte, desto unfassbarer erscheinen jene gewaltigen Geschehnisse, die über einen hereinbrechen. Papa und meine Stiefmutter lebten unterdessen in einer gepflegten und hübschen Wohnung. Da die Geschäfte gut liefen, leisteten sie sich neue Möbel, und mit mir zusammen unternahmen sie Ausflüge, lösten jene Versprechen ein, die Mama nie hielt, und verwöhnten mich bei meinen zweitägigen Besuchen nach Strich und Faden.

Zum ersten Mal seit vielen Monaten verbrachten Papa und ich das Wochenende allein. Ella war zwei Wochen zuvor zu einer lang geplanten Familienfeier nach Kamerun abgereist. Auch wir besuchten ein Fest, und wie durch einen Schleier hindurch betrachte ich einen großen Platz: Schillernde Glasper-

lenstränge, bedruckte Tücher, Masken aus Holz und andere
aus Afrika stammende Souvenirs bedeckten die Auslagen im-
provisierter Verkaufsstände. In riesigen Pfannen und Kesseln
dampften exotisch duftende Köstlichkeiten, der Fruchtsaft
floss in vielfarbigen Strömen, und eine ausgelassene Menschen-
menge wogte zu den ohrenbetäubenden Klängen einer afrikanischen Band. Papa und ich tanzten ausgelassen mit. Die
Unbeschwertheit jener Stunden hinterlässt einen schalen
Nachgeschmack, weil Schreckliches bereits geschehen war zu
einem Zeitpunkt, als wir unwissend das Glück genossen.

In den Nachmittagsstunden kehrten wir verschwitzt, aufge-
regt und noch immer Späße treibend nach Hause zurück.
Minuten später vernahm ich das Rattern des Faxgerätes. Das
Papier trug zu meinem Erstaunen einen amtlichen Stempel,
den ich als aus Afrika stammend entzifferte. Ich überreichte das
französisch abgefasste Schreiben meinem Vater. Sein Gesichtsausdruck veränderte sich augenblicklich, und das flatternde
Schriftstück in der Hand, sank er auf einen Stuhl, griff wortlos zum Telefonhörer und verwählte sich dreimal. Nach einer
Ewigkeit dröhnte eine afrikanische Stimme bis in unser Wohnzimmer, das auf jedem Quadratzentimeter die Fürsorglichkeit und den Ordnungswillen von Ella atmete, und wenig später wurde Vaters Gesichtsfarbe grau. Sein Weinen und seine
Schreie kann ich niemals vergessen: »Elle est morte. Sie ist tot.«
Ungläubig blickte ich ihn an. Mein armer Vater wiederholte
den schrecklichen Satz, wieder und wieder, und hielt mich später wie ein Ertrinkender in den Armen. So hatte ich ihn noch
nie erlebt. Wir weinten stundenlang. Ich versuchte, ihn zu trösten, und war ebenso verzweifelt wie er. Anstelle meiner Mutter war jener Mensch gestorben, auf den sich all meine Hoff-

nung konzentriert hatte: Ella. Meine innigste Wunschvorstellung zerbrach in diesen Stunden, und gleichzeitig musste ich Papa seinem Schicksal überlassen, da meine sonntägliche Rückkehr in eine Situation bevorstand, die mir mehr denn je als Hölle erschien.

Ich wünschte mir so innig wie noch nie, tot zu sein, betete spätnachts, bat Ella, die ich im Himmel glaubte, flüsternd: »Sag dem lieben Gott, er soll mich hier rausholen, auch wenn ich dafür sterben muss.« Mutter, die mich gehört hatte und der meine Traurigkeit nicht entgangen war, ohrfeigte mich mit den Worten, es sei unnötig, dieser Schlampe nur eine einzige Träne nachzuweinen. Ich durfte Vater nicht nach Kamerun begleiten, um mich von Ella zu verabschieden. Er kaufte sie aus dem Leichenschauhaus frei, zog ihr das mitgebrachte schönste Kleid an, frisierte ihr Haar, schminkte sie in zarten Farben. Sie sollte so schön aussehen wie zu Lebzeiten. Dann beerdigte er sie in einer traditionellen Zeremonie. Offiziell hieß es, sie sei an den Folgen eines Autounfalls gestorben, doch Papas Nachforschungen ergaben, dass sie vermutlich umgebracht worden ist. Zusammen mit ihrer ebenfalls toten Nichte lag Ella mehrere Tage in einem Straßengraben, bevor beide geborgen wurden. Ihre Tasche, die ich bei vielen Gelegenheiten bewundert hatte, mit Pailletten und winzigen Paradiesvögeln bestickt, trug sie noch umgehängt: Doch Pass und Geld waren weg.

Nach seiner Rückkehr schien Papa verändert, und in den folgenden Monaten verfiel er in eine solch tiefe Trauer, dass er mich nicht mehr wahrnahm. Ich erlebte ihn ungehalten, apathisch und lebensmüde. Er trank öfters zu viel, rauchte unmäßig. Geschäft und Wohnung musste er auflösen und erneut zu Großmutter ziehen. Es fehlte ihm an Kraft, um diesen Schicksalsschlag zu akzeptieren, und mir erging es ähnlich. Nachdem mein innigster Wunsch von einer gemeinsamen Zukunft mit Ella und Papa unerfüllt bleiben musste, erschien mir alles sinnlos.

Meine labile psychische Verfassung hatte mittelfristig negative Auswirkungen auf Mutters Lügengebilde, die ich bisher in panischer Angst vor den angedrohten Konsequenzen stets gestützt hatte. Nach dem Tod meiner Stiefmutter fragte ich mich, ob das Leben überhaupt noch schrecklicher werden konnte, und die Möglichkeit, dass Mutter ihre Drohung, mich oder sich umzubringen, in die Tat umsetzen könnte, erschien mir nun eher wie eine Lösung aller Probleme. Monate zuvor waren wir aus der verdreckten und demolierten Blockwohnung in unsere neue Bleibe hinter der Kläranlage gezogen. Das vorhandene Hab und Gut hatten wir in Etappen in einen Leiterwagen verfrachtet und in mehrmaligem zehnminütigem Fußmarsch in den renovationsbedürftigen Altbau gebracht. Die Miete war geringer als zuvor, das eingesparte Geld investierte Mutter in Heroin und Kokain: Sie konsumierte maßloser denn je. Eines Abends – ich hatte mehrere Tage keine feste Nahrung zu mir genommen – entdeckte ich einen Teller Nudeln, der auf der Anrichte in der Küche stand. Die Teigwaren rochen eigenartig; ich wusste, etwas stimmte nicht, teilte dies Mutter mit, die mich mit wütenden Augen anblickte. Die Angst und der Hunger besiegten meinen Widerwillen. Die anschließende Lebensmittelvergiftung erwies sich als heftig und machte meine Hospitalisierung notwendig. Ich kotzte nur noch Wasser und Blut, konnte mich nicht mehr auf den Beinen halten und fühlte mich den Engeln im Himmel bald näher als den Ärzten und Krankenschwestern, die mich tagelang umsorgten, den dünnen Körper untersuchten, einander bedeutungsvolle Blicke zuwarfen, viele Notizen machten und schweigend davonrauschten.

Doch weder dieser Vorfall noch die medizinisch diagnostizierte Unterernährung, sondern ein Gespräch in der Schule brachte die Dinge Monate später ins Rollen. Beim Treffen waren mein Lehrer, der Beistand, Vater und ich anwesend. Grund der Besprechung waren meine schulischen Leistungen und die Frage, ob ich in der Sekundarschule B bleiben sollte. Mein Beistand, der sich bisher allen Problemen gegenüber ignorant verhalten hatte, wies mich jovial an, alles zu erzählen, und gleichzeitig versprach er hoch und heilig, meine Mutter werde niemals erfahren, woher die verräterischen Informationen stammten. Das Sprechen fiel mir sehr schwer, noch nie hatte ich die Zustände mit Mutter vor fremden Erwachsenen formuliert, und in meiner Clique verwies ich jeweils – genau wie alle andern – in kurzen Sätzen auf jene Katastrophen, die mein Leben erschütterten. Zuerst stockend, danach in schnellen Sätzen erzählte ich von Hunger, Schlägen und der Kälte, vom Drogenhaus, meiner Angst und den vielfältigen Gefahren, kurz: Ich berichtete von meinem Alltag mit einer schwerstabhängigen Süchtigen. Am Ende meiner Schilderungen nickte der Beistand wissend, mein Lehrer war sprachlos, und Papa hatte Tränen in den Augen.

Die betroffene Stimmung währte nur kurz. Minuten später riss Mutter die Tür zum Konferenzraum auf. Als Einzige traf sie verspätet ein und witterte in unserer Runde sofort ein konspiratives Treffen. War sie früher noch darum bemüht gewesen, halbwegs unauffällig gestylt aus dem Haus zu gehen, war sie im Städtchen längst bekannt wie ein bunter Hund. Augen und Lippen braunrot geschminkt und mit ungezähmtem Haarschopf, sah sie an schlechten Tagen wie eine Mischung aus Ziggy Stardust und einem Vampir aus. Verhielt sie sich zusätzlich aggressiv, stellte sie auch jene Sozialarbeiter auf eine harte Probe, die im Umgang mit sozial Randständigen geübt waren, und mehr als einmal erlebte ich, wie Mutter den Angehörigen verschiedener Behörden und Ämter Gewalt androhte oder sie mit ihrem Suizid erpresste, sollten sie in der einen oder anderen Weise aktiv werden. Erhobenen Hauptes, die Arme in die Hüften gestemmt, trat sie nun an unseren Tisch und forderte Auskunft darüber, was anstehe. Die Spannung ihres Körpers, die selbstbewusste Arroganz ihres Auftritts ließen mein Herz heftig klopfen, und die alte Mutlosigkeit war sofort wieder da. Zu meinem Entsetzen hieß mich mein Beistand nun, in ihrer Anwesenheit zu wiederholen, was ich den Erwachsenen kurz zuvor unter dem Siegel der Verschwiegenheit anvertraut hatte. Unter den flackernden Blicken meiner Mutter kam ich der Aufforderung nach. Der überwältigenden Furcht vor einer Bestrafung, die schrecklicher ausfallen würde als alles, was ich bisher erlebt hatte, folgte das sichere Gefühl, dass eine baldige Veränderung bevorstand.

Tatsächlich musste ich mit Mutter nach Hause zurückkehren. Ob mein Verrat mich retten oder umbringen würde, wusste ich zu diesem Zeitpunkt nicht, aber als sie mir die Faust unter die Nase hielt, damit drohte, mich mit einem einzigen Schlag ins Jenseits zu befördern, glaubte ich ihr nicht. Als Tochter eines senegalesischen Boxchampions wusste sie zwar, wie ein Stoß auszuführen war, damit der Bruch das obere Nasenbein in die Hirnmasse treibt, was den sofortigen Tod des Attackierten bedeutet. Sie wusste aber auch, dass erneute Übergriffe auf mich mit großer Wahrscheinlichkeit Konsequenzen nach sich ziehen würden: Ihre Verfehlungen galten seit dem Elterngespräch als offiziell. Zum anderen sah sie mich richtigerweise als Verräterin, die den Schweigekodex gebrochen hatte, und ahnte, dass ich weitere Sanktionen nicht mehr einfach so unter den Teppich kehren würde. Dieser Umstand dürfte sie weniger abgeschreckt haben als die Vorstellung eines forcierten Drogenentzugs in der unter Umständen lang dauernden Untersuchungshaft, die ein Übergriff provoziert hätte. Am nächsten Morgen saß Mutter bereits am Küchentisch, als ich mich angekleidet zur Tür schleichen wollte. Ein leises Knistern meines Schulrucksacks verriet mich. Mutter zerrte mich durch den Gang, öffnete mit der freien Hand die Eingangstür und stieß mich ins Freie. Ich lag am Boden, als sie mir ihre Abschiedsworte zuzischte: »Hau ab, ich will dich hier nie wieder sehen.«

Heulend berichtete ich den Rausschmiss telefonisch meinem Vater, der meine vorübergehende Aufnahme bei guten Kollegen veranlasste. Zusammen mit einem einflussreichen Freund setzte er in den folgenden Tagen alles daran, um die Anordnung einer sofortigen Schutzmaßnahme zu erwirken. Nun ging plötzlich alles sehr schnell. Vaters Schwester und deren Familie hatten sich anerboten, mich aufzunehmen. Von seltenen Besuchen wusste ich, dass es sich um religiöse Menschen handelte. Der Umstand, dass sie einer Freikirche angehörten, begeisterte weder Vater noch mich. Es war eine Notlösung mit dem Ziel, mich möglichst schnell aus der Gefahrenzone zu bringen, wie mir erklärt wurde. Ich willigte ein, diese Leute in den folgenden Jahren als meine Pflegeeltern zu akzeptieren.

Mein Wegzug aus dem Städtchen verbreitete sich in der Schule wie ein Lauffeuer. Die verbleibenden zwei Wochen verbrachte ich mit meiner Clique. Wir rauchten, lachten, tanzten, und ich genoss die letzten Momente eines Lebens, das sich vor meinen Augen auflöste und bereits der Vergangenheit angehörte. Meine Leute, das wusste ich mit Sicherheit, würden mir mehr als alles andere fehlen. Ich wusste auch, es wird ein Abschied für lange Zeit, und später würde nichts mehr so sein wie jetzt, als wir einander blind vertrauten. Bereits erkannte ich feine Veränderungen, denn erste harte Drogen hatten Einzug gehalten. Ich wusste, dass Kokain und Heroin den Zusammenhalt unter uns korrumpieren würden, Missgunst und Vertrauensbrüche nur eine Frage der Zeit waren. Dies ignorierten jene, die sich der Illusion hingaben, im künstlichen Glücksrausch liege noch mehr Nähe und Vertrautheit, noch mehr Geborgenheit, noch mehr Stärke. Weil ich diese Zusammenhänge aufgrund meiner Erfahrungen mit Mutter vielleicht klarer sah als andere Verlorene, die sich verzweifelt an jene festklammerten, denen sie etwas bedeuteten, deprimierte mich die Vorstellung des bevorstehenden Niedergangs noch mehr als der Umstand, dass ich fliehen durfte, während die anderen bleiben mussten.

Ich verabschiedete mich von unseren Plätzen, den Bäumen, den Parkbänken, dem schummrig erleuchteten Bahnhof, unserem liebsten Treffpunkt. Wie oft blickten Simon und ich den durchfahrenden Zügen nach, wie sie leise durch die Nacht zischten, an dieser Station und unserem Schicksal vorbei? Der verzweifelte Wunsch, in einem solchen Zug zu sitzen, der uns wegbringen würde, so weit weg wie möglich, und am nächsten Morgen könnten wir in La Spezia das Meer berühren oder

Arm in Arm durch einen Bazar schlendern oder vom Eiffel-
turm aus über ganz Paris blicken, erfüllte mich bereits mit
Wehmut. Im Regen rannte ich ein letztes Mal zum Drogenhaus, verabschiedete mich von Sabrina, die im Garten sitzend
mit herausgestreckter Zunge niederprasselnde Wassertropfen
auffing. Lächelnd behauptete sie, auch sie gehe bald fort von
hier. Ich nickte und umarmte sie lange. Das Packen meiner
Habseligkeiten dauerte fünf Minuten, ich legte meinen Bären,
die CDs, den »Kleinen Prinzen« und wenige Kleidungsstücke
in drei Bananenschachteln. Einen Karton auf dem Arm hal-
tend, blickte ich Mutter an, die die Szene schweigend beobachtet hatte. Ich stellte das Gepäck nicht ab, umarmte sie nicht,
gab ihr nicht meine Hand. Ich sagte »Tschüss« und ging.

# Der Lehrer von Michelle

*Michelle hatte Charisma und viel Energie, war aufge-
weckt und wusste die Aufmerksamkeit in einem positiven
Sinn auf sich zu lenken. Sie war ein Sonnenschein, und
ich glaube, dass sie sich mit dieser Art auch jene Zuneigung holte, die ihr zu Hause fehlte. Wenn ihr etwas über
die Leber lief, ließ sie einen das auch spüren. Sie war der
Temperaturmesser der Klasse: Ging es Michelle nicht gut,
ahnte ich als Lehrer, dass etwas im Busch war.*
*Eine Episode, die mir sehr deutlich in Erinnerung blieb,
deutet den Charakter meiner Lieblingsschülerin an: Im
nahen Waldtobel gab es einen hohen Wasserfall mit einem
Becken, in das man hineinspringen konnte. Das war etwas
für die Mutigsten unter den Knaben. Sie traten an den
Vorsprung, blickten in die Tiefe, liefen zurück, schrien
und lachten, stellten sich erneut an den Rand des Ab-
grunds, und so konnten einige Minuten verstreichen, bis
sie sich zum Sprung entschieden oder eben auch nicht –
und noch nie war ein Mädchen gesprungen. Michelle trat
an die Stelle, blickte in die Tiefe, schätzte die Gefahr ab,
und ich sah, dass sie Bammel hatte; doch sie sprang sofort.
Ihr war Anerkennung wichtig. Sie wollte und musste sich
spüren. Und sie wusste bereits als Elfjährige, dass das Hinauszögern einer unangenehmen Entscheidung die Angst*

*nicht verkleinert. Auch anderes, das sie anfing, führte sie meist sehr zielstrebig zu Ende.*

*Sie kam in der fünften Klasse zu mir. Alle Schüler meiner Kleinklasse hatten ihren Rucksack zu tragen, der oft auch aufgrund familiärer Situationen schwer wog. Eltern die mit großen persönlichen Problemen zu kämpfen haben, finden keine Kraft, sich mit ihren Kindern auseinander-zusetzen. Ich versuchte, die Jungen und Mädchen mit ihren gebrochenen Schulkarrieren in ihren Stärken zu unterstützen. Dafür arbeitete ich im Idealfall auch eng mit den Eltern zusammen, die ich unterstützte und zu entlasten versuchte. Zum Beispiel waren die Hausauf-gaben zu Hause ein eigentlicher Beziehungskiller. Ich sagte den Vätern und Müttern: »Darum müsst ihr euch nicht kümmern, das ist meine Aufgabe. Wenn die persönliche Beziehung zwischen einem Lehrer und dem Kind stimmt, reicht der Einfluss in den Alltag des Schülers hinein, und er macht seine Hausaufgaben freiwillig.« Ich sah die Jun-gen und Mädchen als individuelle Persönlichkeiten und versuchte, dementsprechend auf die Kinder einzugehen. Das ist nicht eine Frage der Geduld oder des Aufwandes, es ist eine Frage der Haltung. Ich empfand meine Schüle-rinnen und Schüler immer als Partner auf einem gemein-samen Weg, und das haben sie gespürt. Es hat immer gut geklappt, auch für mich: Ich war nie leer oder frustriert, sondern reich und bewegt. Ich freute mich über die per-sönlichen Fortschritte und hatte Respekt vor dem großen Effort, den viele leisteten.*

*So auch Michelle. Sie lernte zu vertrauen, konnte ihre Gefühlswelt mit der Zeit besser kontrollieren und begann,* aus den gemachten Erfahrungen Erkenntnisse abzuleiten. Das waren Erfolge, und in diesem Sinn zeigte ich mich auch flexibel, wenn die Hausaufgaben in einem anderen Fall nicht gemacht werden konnten. Vielen Kindern, die in schwierigen sozialen Verhältnissen aufwachsen, fehlt es an geistiger Ruhe, um vor allem zu Hause genügend Konzentration für den Unterrichtsstoff aufzubringen. Das war auch bei Michelle so. So ließ ich sie etwa anstelle der Rechenaufgaben ein paar neue Songs einstudieren, die sie dann in der Klasse vortragen musste. Sie war eine begabte Sängerin und Schauspielerin, und zum Abschluss der sechsten Klasse schrieben wir im Unterricht Songs, drehten einen Film und realisierten ein Musical. Michelle spielte eine Hauptrolle. Ich versuchte, ihr künstlerisches Selbstbewusstsein zu stärken, und glaube, dies gelang auch.

Mit den meisten Eltern klappte die Zusammenarbeit gut. Ich erinnere mich, dass Gespräche mit Michelles Mutter nicht einfach waren. Während ich ihr Michelle als emotional intelligent, musikalisch talentiert, beharrlich und charakterlich stark schilderte, sah sie vor allem die Unzulänglichkeiten ihrer Tochter und die Probleme, die sie verursachte. Sie empfand meine Unterstützung wohl eher als Eingriff in ihre Privatsphäre. So kam es zu keiner eigentlichen Zusammenarbeit, und die Kontakte beschränkten sich auf das Nötigste. Das war für mich sehr ungewohnt. In der Schule wussten wir von der Suchtproblematik der Frau, dies wurde uns über die damalige Vormundschaftsbehörde mitgeteilt. Dass es Michelle nicht einfach hatte, lag auf der Hand. Die heutigen Schilderungen um Mi-

*chelles Kindheit und Jugend kann ich gut in meine Er-
innerungen einordnen, sie überraschen mich nicht. Ich
dachte lange darüber nach: Sie zeigte sich als ein herzli-
ches Kind, integrierte sich gut, war eine engagierte Schü-
lerin, kam bei den anderen gut an. Einige Kümmernisse
erzählte sie mir, weil wir ein enges Verhältnis hatten. Ich
nehme aber an, dass sie die schrecklichen Details auch für
sich behielt, weil sie sich in der Schule für ein paar Stunden der Illusion hingeben konnte, alles sei in Ordnung.
Möglich ist auch, dass sie sich geschämt hat.
Viele Kinder fühlen sich schuldig an den misslichen Situationen, in denen sie aufwachsen, und gleichzeitig erleben
sie sich als schwach. Es ist aber auch klar: Ein Mädchen
wie Michelle wäre in den Achtzigerjahren in einem Kinderheim platziert worden. In den mittleren Neunzigerjah-
ren orientierte sich das professionelle Hilfesystem eher an
der Maxime, dass es den Kindern in den Familien, also
im sozialen Kontext, doch meist besser gehe, auch wenn
die Umstände nicht ideal sind. Kinder als Teil einer Familie stützen gemäß dieser These auch die sich in schwierigen Situationen befindenden Eltern. Heute denkt man
da vermehrt individueller. Der Schutz des Kindes steht im
Vordergrund. Welche familiären Verhältnisse sind für ein
Kind noch förderlich? Braucht ein Kind seine Mutter,
seinen Vater, auch wenn diese kaum mehr für sich selber
sorgen können? Sollen Familien zusammenbleiben, um gefährdete Eltern zu stützen? Diese komplexen und schwierigen Fragen stellen sich seit jeher, und sie werden immer
aus den gesellschaftlichen Bedingungen, aus dem herrschenden Zeitgeist heraus beantwortet. Gerade im Fall von*

*Kindern, die bei süchtigen Eltern aufwachsen, sollte jedoch unverzüglich gehandelt werden.*

*Es ist nicht die Aufgabe der Lehrerschaft, sich als Psychologe oder Sozialarbeiter zu betätigen und entsprechende Beurteilungen abzugeben. Wenn mich die Vormundschaftsbehörde anfragte, wie es mit diesem oder jenem Schüler gehe, antwortete ich auf meinen pädagogischen Auftrag bezogen, weil alles andere eine Kompetenzüberschreitung gewesen wäre. Im Fall von Michelle wusste ich Gutes zu berichten. Im Nachhinein kann man sich fragen, ob diese Beurteilung vielleicht dazu beitrug, dass sie der süchtigen Mutter ausgeliefert blieb. Andererseits bin ich noch heute der Überzeugung, dass Michelle im schulischen Umfeld Unterstützung, Halt und Beziehung fand. Ich erinnere mich, dass Eltern intervenierten, weil sie den Umgang ihrer Töchter mit Michelle beziehungsweise das Drogenumfeld, in dem sie aufwuchs, für ungut hielten. Ob Außenstehende wie Nachbarn oder Eltern von Mitschülern Meldungen an das Jugendamt oder die Vormundschaftsbehörde machten, weiß ich nicht.*

*Hier im Dorf war die Latte des Unerträglichen wohl etwas höher angesetzt als etwa in einer Zürcher Seegemeinde; weil man einiges gewohnt war. Kinder, die kein Fahrrad besaßen oder kein Eintrittsgeld für die Badeanstalt hatten, die verschlafen zur Schule kamen oder drei Wochen die gleichen Kleider trugen, waren keine Seltenheit. Ich sah meine Aufgabe nicht darin, solche Missstände anzuprangern und zu verfolgen, sondern den Kindern trotz schwieriger Umstände den Schulstoff zugänglich zu machen, ihre sozialen Fähigkeiten zu stärken und die Einheit der Klasse zu stützen.*

*Michelles Situation zu Hause wurde derart schwierig, dass wir eine Tagesfamilie suchten, bei der sie essen und Hausaufgaben machen konnte. Nach einem Elterngespräch – Michelle befand sich zu diesem Zeitpunkt bereits in der Sekundarschule B – kam es zu einer Fremdplatzierung. Meiner Meinung nach wäre es besser gewesen, man hätte sie in unserer Gemeinde umplatziert und nicht erneut entwurzelt. Die Schule und ihre Kolleginnen und Kollegen waren für sie verbindliche und sichere Rückzugsorte. Der schlechte Einfluss einer unterprivilegierten Peer-Group, die ins Teenageralter kommt, mag ein Thema sein, und einige von Michelles damaligen Mitschülern sind abgestürzt. Andererseits bin ich mit vielen meiner ehemaligen Kleinklassenschüler in Kontakt und kann sagen: Die meisten sind heute in einem geordneten Leben verankert.*

*Kleinklassen gibt es nicht mehr, diese Kinder bleiben heute in den Regelklassen integriert. Mit dieser Integration haben sich Schule und Lehrpersonen entwickelt. Austausch und Zusammenarbeit unter den Lehrenden und die Pflege des sozialen Lernens erhielten einen großen Stellenwert. In guten Schulen unterstützen die Lehrerinnen und Lehrer Kinder in besonderen Situationen nun gemeinsam mit einer Schulsozialarbeiterin oder einem Schulsozialpädagogen. Für Schülerinnen und Schüler mit persönlichen, sozialen oder familiären Schwierigkeiten und deren Eltern ist das Beratungs- und Unterstützungsangebot damit niederschwelliger und verlässlicher verfügbar geworden. Allfällige Interventionswege sind professioneller geklärt, und die zuständigen Behörden werden unverzüglich und unbürokratisch involviert.*

*Was aus Michelle wurde, verfolge ich seit einigen Jahren über Facebook. Es erstaunte mich nicht, dass sie die Kraft fand, eine Lehre zu absolvieren, sich beim Talentwettbewerb »Music Star« durchzusetzen und drogenfrei zu bleiben. Sie war ein tolles Mädchen und nun ist sie – trotz allem – eine tolle junge Frau.*

# Dämonenkind

Das neue Zuhause lag in einem anderen Kanton. Der Wagen hielt nach einstündiger Fahrt in einer menschenleeren Straße mit einbetonierten Bäumen, die in den exakt gleichen Abständen zueinander eingepflanzt worden waren. Weiß getünchte Einfamilienhäuser reihten sich dicht aneinander. Sie verfügten über identische Parkplätze und Gärten, die durch meterhohe Zäune geschutzt wurden. Anfänglich vermutete ich, dass man sich vor eindringenden Tieren oder Dieben fürchtete, doch bereits nach einem Monat wusste ich, dass diese Absperrung dem Bedürfnis der Bewohner entsprach, sich auch symbolisch gegen äußere Einflüsse abzugrenzen. Meine Begleiter verabschiedeten sich vor der Haustür. Papa umschlang mich mit beiden Armen und übergab mich der Pflegemutter.

Simone hieß mich vor dem Eintreten die zerfetzten Turnschuhe abstreifen, und die nächsten Stunden verbrachte ich staunend. Die Wohnung erwies sich als sehr hygienisch. Mein neues Zuhause verfügte über eine riesige durchgehende Wohnfläche, große Fensterfronten und wenig Mobiliar, das im Gegensatz zur modernen Architektur rustikal und beinahe altmodisch wirkte. Weiße Kacheln bedeckten die gesamte Bodenfläche. »Jedes Ding hat seinen Platz«, ließ mich Simone beim ersten Rundgang wissen, während sie auf eine geschlossene Vitrine mit Nippes wies, auf die in Reih und Glied sortierten Sofakissen und den ordentlichen Kleiderschrank meiner gleichaltrigen Cousine. Fortan sollte Leah ihr Zimmer mit mir teilen. Zu diesem Zweck hatte man ein zweites Bett in den spärlich möblierten Raum gestellt. An den Wänden des Teenagerzimmers hingen Tierposter, die Bücher standen alphabetisch geordnet im Regal.

Simone zeigte mir, wie ich den Raum – samt angrenzendem Bad – herzurichten habe, bevor ich am Morgen beides verlasse. Die aufgeschüttelte Bettdecke zu einer länglichen Rolle gedreht, sollte diese an der Wandseite, die Pantoffeln ordentlich unter dem Bett platziert werden. Simone ließ mich wissen, dass im Badezimmer Wasserspritzer an Duschwand und im Lavabo mit einem weichen Tuch trocken gerieben werden müssen. Dieses Vorgehen verhindere hässliche Kalkspuren. Auch der Spiegelschrank, ebenso wie die stets frei zu haltenden Ablageflächen, seien jeden Abend zu reinigen. Ich war beeindruckt: Während ich bei Mutter jeweils zu Putzeimer und Besen griff, wenn Dreck und Chaos überhandnahmen, bekämpfte man hier Schmutz und Unordnung in den Anfängen. Mir erschienen die vielen Anweisungen als gerechter Preis für ein geordnetes, sauberes und harmonisches Familienleben mit Erwachsenen, die verbindliche Regeln und Verbote aufstellen. Ich rief mir ein Gespräch mit Vater in Erinnerung, der mich darauf vorbereitet hatte, dass die neue Umgebung große Umstellungen für mich bedeuten würde, jedoch Chancen beinhalte: Strukturen und Routinen seien als Entlastung für mich gedacht, und für mein späteres Leben sei es unabdingbar, dass ich bürgerliche Werte kennen lerne, diese positiv annehme und verinnerliche.

Als Erstes verfrachtete Simone meine Kleidungsstücke in der Waschtrommel, stellte mich unter die Dusche und versorgte mich mit einer sauberen Jeans und einem T-Shirt ihrer Tochter. Tage später schnitt sie mir die Haare ab. Bisher hatte ich die Lockenpracht nie durchgekämmt, nun verordnete mir die Pflegemutter dieses morgendliche Ritual. Anfänglich schämte ich mich für meine schreckliche Frisur, doch dann wurde ich eingeschult und stellte fest, dass die neuen Schulkollegen ähnlich langweilig aussahen, in diesem Sinn aber auch anders funktionierten als meine ehemaligen Hip-Hop-Freunde. Die meisten Kinder stammten aus wohlhabenden Familien, die sich in der neu entstandenen Wohngegend Villen und Einfamiliendomizile gebaut oder gekauft hatten. Die Jungen stolzierten in Marken-Jeans und bestickten Polo-Shirts durch die Gegend. Manche Mädchen trugen Perlohrstecker. Die meisten waren parfümiert und fanden Beyoncé toll. Unbändiger Übermut und die stete Bereitschaft, dem gemeinsamen Moment eine Einzigartigkeit abzuringen, die den unberechenbaren Rest des Tages erträglich macht, erwiesen sich in diesem Umfeld als unnötig, denn der Alltag der Privilegierten schien vorhersehbar zu sein. In der Pause standen sie gesittet beieinander und sprachen über ihr Taschengeld, das in vielen Fällen über zweihundert Franken pro Monat betrug. Manche spielten Tennis oder Geige, andere nahmen bereits Nachhilfestunden, damit sie den Übertritt in die höhere Schulstufe im zweiten Anlauf schaffen könnten. Ihre Freizeit fand nicht im Freien statt. Manche wurden von den Eltern sogar von der Schule abgeholt und nach Hause chauffiert. Ich verstand ihre Sprache nicht, ihre Verhaltensweise nicht, und ihr Lebensgefühl erschien mir als Buch mit sieben Siegeln.

Brandmager und verwildert, wie ich war, beäugten mich meine Mitschüler von der ersten Schulstunde an misstrauisch.

Ich sah ziemlich schnell, dass mir die Aufnahme in den erlauchten Kreis verwehrt bleiben würde, und erkannte in einem einzigen Mädchen eine Leidensgenossin, die mich an mein altes Leben erinnerte. Tamara roch am Morgen nach kaltem Rauch und saß meist übermüdet in der Schulbank. Nach wenigen Wochen beging sie einen unverzeihlichen Verrat: Gut lesbar für alle, beschriftete sie meine Kartonmappe, die auf dem Schulpult lag, mit dem Wort »Hurenkind«, worauf sich die erste und letzte Schlägerei meines Lebens zutrug: Nach einer längeren Diskussion streckte ich Tamara mit einem gezielten Faustschlag zu Boden. Die gesamte Klasse stand während dieser Aktion wie eine Wand vor mir. Mit physischer Gewalt hatten sie keinerlei Erfahrung, und diese Ungleichheit hatte ich als Möglichkeit wahrgenommen, um mich in der Gruppe zu positionieren. Was in meinem alten Umfeld problemlos geklappt hätte, zeigte hier jedoch eine andere Wirkung. Geschockt und anklagend musterten mich meine Mitschüler, worauf der Klassenstreber aus der Menge trat, mir eine nervtötende Standpauke hielt und sich gespielt höflich erkundigte, ob er auch zuschlagen solle. Ich antwortete: »Das ist mir scheißegal, weil keiner von euch härter zuschlagen kann als meine Alte.« Es herrschte betretenes Schweigen, und von nun an verbrachte ich jede einzelne Pause allein auf dem Hof.

In den folgenden Jahren fiel ich in der Schule durch mein nervöses Temperament auf, und die manischen Zustände, von denen ich nicht befreit war, trugen ebenfalls wenig zu meiner Integration bei. Ich vermisste meine Leute, zu denen mir jeglicher Kontakt untersagt war. Meine CDs bezeichneten die Pflegeeltern als Teufelsmusik, und das Aufhängen eines meiner geliebten Tupac-Posters war erst nach tagelangen Diskussionen möglich. Später musste ich mich einer medizinischen Untersuchung unterziehen. Der Amtsarzt ließ mich auf eine Waage stehen, vermerkte mein Gewicht mit hochgezogenen Augenbrauen und einem Seufzer im Computer, und zum ersten Mal in meinem Leben wurde ich gefragt, ob ich psychologische Unterstützung benötigte. Ich antwortete frech: »Nein, oder sehe ich wie eine Irre aus?« Damit war dieses Thema erledigt.

Der äußeren Insignien meiner Identität beraubt, versuchte ich mich nach dem ersten Schock in den neuen Alltag einzuleben und ließ die innerfamiliären Zustände auf mich wirken: Hansueli arbeitete in gehobener Stellung bei einem großen Zulieferer von kulinarischen Halbfertigprodukten. Der 42-Jährige war für das Einkommen zuständig, die zwei Jahre jüngere Pflegemutter sorgte in der klassischen Rollenteilung für Haus, Kinder und ihren Mann. Was mir bisher immer als wunderbares Privileg erschienen war – eine Frau darf und will sich einzig und allein um das Wohlergehen der Familie kümmern –, erhielt in dieser Konstellation eine neue Bedeutung. Simone, die den Tag meist putzend, bügelnd und Ordnung schaffend verbrachte, stand jeweils stundenlang in der offenen Küche, um die morgendlichen Einkäufe zu schmackhaften Mahlzeiten zu verarbeiten. Schnippelnd, hackend, anbratend, abgießend eilte sie hundertmal zwischen Herd und Backofen durch ihr Reich, schaltete Küchenuhren ein und wieder aus, hob Pfannendeckel ab, kostete und rührte, schob Gefäße und Gratinformen hin und zurück. Ein elaboriertes Timing entschied darüber, ob die köstlichen Speisen heiß, knusprig und zart oder lauwarm und verkocht auf den Tisch gerieten, denn das Oberhaupt der Familie kehrte ohne Vorankündigung, wann immer es ihm passte, ins Heim zurück. Seinem Wohl und seiner Zufriedenheit galt das größte Augenmerk, und sein Urteil durfte ebenso wenig wie seine Meinung zu unzähligen Themen hinterfragt werden.

Spätestens um 19 Uhr mussten die Hausaufgaben erledigt sein. Sobald sein Auto in der Einfahrt zu hören war, schrie Simone: »Achtung! Vati kommt!«, worauf meine Cousine, mein Cousin und ich ins Badezimmer sprinteten, um uns die Hände zu waschen. Bei Hansuelis Einritt hatten wir drei Teenager mit geradem Rücken an der hübsch gedeckten Tafel zu sitzen. Zuvor mussten seine fuselfreien Pantoffeln im Eingangsbereich platziert werden, und zwar so, dass er direkt hineinschlüpfen konnte, während ihm seine Frau Mantel, Mappe oder Regenschirm abnahm. Nach dem Tischgebet verliefen die Mahlzeiten meist schweigsam. Die Kinder genossen kein Mitspracherecht, und Diskussionen fanden nicht statt. Widerrede und das Wort »aber« wurde mir ebenso wie der »böse Blick«, den man mir bei vielen Gelegenheiten unterstellte, bei Strafe verboten. Da es weder Fernsehen noch Internet gab, verbrachte man den Feierabend im Kreis der Familie. Ich lernte zu stricken, kannte bald jedes Hörspiel im Radio und avancierte zu einer Meisterin verschiedener Gesellschaftsspiele: sehr zum Ärger des Pflegevaters, der kein guter Verlierer war und seinem Unmut jeweils freien Lauf ließ. Lief jedoch alles zu seiner Zufriedenheit, äußerte er bei seltenen Gelegenheiten seine Zuneigung, indem er seine fleißige Frau oder die folgsamen Kinder bei den Schultern packte, heftig schüttelte und ihren Namen schrie. Um Punkt 21 Uhr mussten Leah, Joshua und ich in den Federn liegen. Ob die Nachtruhe eingehalten wurde, niemand mit der Taschenlampe unter der Bettdecke las oder sonstigen Unfug trieb, kontrollierten die Pflegeeltern mehrmals pro Nacht. Viele Anweisungen und Routinen bestimmten nun meinen Alltag, der frei von Emotionen funktionierte, jedoch blieben auch größere und kleinere Katastrophen aus.

Anderes irritierte mich: Innerhalb weniger Wochen entzog man mir sämtliche Entscheidungsfreiheiten und kontrollierte bald jede Handlung und Bewegung, die außerhalb des Hauses stattfand. Wenn ich mich nach der Schule um fünf Minuten verspätete, hatte dies eine Bestrafung in Form einer zusätzlichen Putzaktion zur Folge. Welche Kleidung ich anzog, ob und wann geduscht wurde, welche Bücher ich lesen und welche Musik ich hören durfte, was und wie viel ich aß: Für alles erhielt ich eine minutiöse Anweisung, die es strikte zu befolgen galt. Verbote und Regeln verwoben mein neues Dasein bald dutzendfach, und die Kontakte zur Außenwelt blieben limitiert. Später erfuhr ich von einem pädagogischen Therapieansatz, den man bei traumatisierten und verhaltensauffälligen Kindern und Jugendlichen anwendet, bevor man ihnen eine neue Identität zugesteht. Dabei wird ihnen jegliche Handlungsfreiheit abgesprochen, das heißt, sie dürfen keine noch so winzige Entscheidung mehr selbst fällen, müssen für jede Tätigkeit und für die Erfüllung jedes Bedürfnisses die Einwilligung jener Autoritäten einholen, die ihnen alle Autonomie entziehen, um diese Monate später und nach neuen Grundsätzen in kleinen Schritten neu aufzubauen.

Früh erwachsen geworden und gewohnt, mich um mich selbst zu kümmern, verfügte ich als Dreizehnjährige über einen eigenständigen Geist, hinterfragte bereits vieles kritisch, konnte und wollte nicht mehr jedem Befehl wortlos Folge leisten. Ich sehnte mich nach Ordnung und Strukturen, deren Sinn ich durchaus einsah, doch die vielen Erfahrungen der zurückliegenden Jahre ließen sich nicht einfach ausradieren. Sie hatten meine Persönlichkeit geprägt: nicht nur positiv, aber bestimmt auch nicht nur negativ. Dass dem Umerziehungsprogramm anderes zugrunde lag als nur meine Genesung, die Bereitschaft, mich aufzunehmen, nicht nur der reinen Menschlichkeit entsprach, sondern einem anderen Plan folgte, ahnte ich damals noch nicht. Nachdem mir der Pflegevater in einem Streit an den Kopf geworfen hatte, für wen er mich hielt – »den Balg eines Gottlosen und einer Hure« –, beschlich mich jedoch ein eigenartiges Gefühl, und in den folgenden Monaten glaubte ich in der Familie einen wachsenden Widerwillen mir gegenüber wahrzunehmen.

Simone schenkte mir weite T-Shirts und bequemes Schuhwerk; Kleidungsstücke, die ihren religiösen Styling-Kriterien entsprachen. Meine ausgelatschten, hochhackigen Schuhe und ein Träger-T-Shirt entsorgte sie am Tag meiner Ankunft mit spitzen Fingern in der Altkleidersammlung. Hansueli, so ließ sie mich wissen, vertrete den Grundsatz, dass Mädchen, die Tanktop oder Minirock tragen, selbst schuld seien, wenn sie vergewaltigt würden. Vom Geld, das meine Pflegeeltern für ihre Dienste erhielten, schenken sie mir allerdings auch ein Snowboard und ein Fahrrad. Ich entdeckte die entspannende Wirkung extremer sportlicher Aktivitäten, rannte in einer neuen Jogginghose stundenlang durch den Wald, bis Adrenalin mein Hirn überflutete und Simone, die mit einer Stoppuhr ausgerüstet am abgemachten Treffpunkt wartete, zufrieden nickte. Solche und andere Unternehmungen unterstützten die Pflegeeltern vorbehaltlos. Sie fuhren mich zu jeder Sportveranstaltung, versorgten mich mit teuren Vitamin-Getränken und feuerten mich bei den Wettkämpfen an. Während einer monatelangen ärztlichen Behandlung, bei der reihenweise Zähne gezogen, andere neu zusammengefügt und geflickt wurden, erhielt ich ein beinahe neues Gebiss.

Meine Kleidung war nun stets sauber, die Haare durfte ich zweimal pro Woche waschen, und für die tägliche Körperhygiene stand teures Duschmittel in bunten Flaschen zur Verfügung. Ich aß Unmengen, schöpfte bei Tisch dreimal, ein Vorgang, der mir strafende Blicke einbrachte und dann mit Restriktionen verbunden wurde, worauf ich mir mehrmals kaufte, was ich bisher nie besessen hatte: eine ganze Tafel Schokolade. Ich brach Stück für Stück ab, ließ mir die kostbare Süßigkeit als Brocken und schließlich ganze Riegel auf der Zunge vergehen, raspelte und zermalmte den Rest zwischen den Zähnen, schluckte den süßen Brei, bis mich Übelkeit ergriff. Ich nahm innert kürzester Zeit zwölf Kilogramm zu. Die Fotografien jener Zeit zeigen einen wohlgenährten Teenager, der mit silberdrahtumspannten Zähnen in die Kamera lächelt. Ich sitze vor meinem Fahrrad und reinige mit einer winzigen Bürste die Ketten von imaginären Schmutzrückständen. Daneben steht eine Schüssel mit Seifenwasser, und viele bunte Lappen, mit denen das gesamte Fahrgestell als Abschluss des wöchentlichen Prozederes poliert werden musste, liegen im Gras. Mein äußerer Wandel deutete auf einen gesunden Teenager hin, der sich in einem straff organisierten Alltag zurechtgefunden hatte, auf ein Kind, dem die Vergangenheit zumindest optisch nicht mehr anzusehen war. Meine Gedanken blieben indes wild und unkontrollierbar. An ihnen hielt ich mich bewusst fest, und wann immer es die Zeit erlaubte, formulierte ich nun meine Sehnsüchte und Wünsche nach Freiheit, Zuneigung und Geborgenheit in blumigen Gedichten: Ich hatte eine Möglichkeit gefunden, meinen Gefühlen Ausdruck zu verleihen, denn im häuslichen Alltag war dies schlichtweg unmöglich.

Nachdem ich die vielen Verbote und Regeln befolgte und dennoch jede Schwachstelle im System der Pflegeeltern ausnutzte, um mir kleine Abweichungen vom Tagesplan zu erlauben, erhöhten sie im zweiten Jahr den moralischen Druck. Bisher gaben sie mir bei unzähligen Gelegenheiten wortlos zu verstehen, dass meine Person minderwertig sei, meine Herkunft niedriger nicht sein könne. Nun formulierten sie ihre Überzeugungen als Anschuldigungen, und fast immer fiel der Satz, ich sei ein Teufelskind, das unzählige Dämonen in sich trage, die es zu bekämpfen gelte. Meine Rettung, so wurde mir versprochen, liege in der religiösen Bekehrung, die mir die Chance verschaffe, zu einem anständigen Menschen zu transformieren, und in diesem Zusammenhang sprachen sie nun auch von der Erbsünde. Die zahlreichen Verfehlungen meiner Mutter würden mein Schicksal beeinflussen, blieben sie ungesühnt, könne ich der grausamen Bestrafung durch Gott nicht entgehen. Wochen später hieß es, meine Erzeugerin sei ein verlorener, verdorbener Mensch und führe ein gottloses Leben, wie auch die neusten Verfehlungen bestens zeigten.

Tatsächlich suchte Mutter Kontakt, indem sie mir hin und wieder Briefe zukommen ließ, und einmal schickte sie sogar ein Paket an Großmutters Adresse. Es förderte einen Reisewecker zutage. Ich drehte und wendete das rätselhafte Geschenk, bis mir ein bekannter Geruch in die Nase stieg. Nachdem ich den Deckel der Rückseite gelöst hatte, entdeckte ich im Innern der Uhr eine größere Menge Marihuana, die ich weit entfernt vom Haus der Pflegeeltern vergrub und in den folgenden Wochen mit meiner neuen Freundin Pia – einem Hippiemädchen, das ich im zweiten Jahr in der neuen Schule kennen gelernt hatte – jeweils vor Beginn des Schulunterrichts rauchte. Ansonsten konzentrierten sich die etwas wirren Gefühle von Mutter auf die Tatsache, dass ich nun eine junge Frau war, die – wie sie wusste – heimlich einen Freund hatte. In krakeliger Schrift formulierte sie in diesem Zusammenhang diverse Weisheiten und riet mir zudem, die Pille zu nehmen. Simone entdeckte die versteckte Korrespondenz bei einer spontanen Zimmerkontrolle. Sie las alles ungefragt und berief, in höchste Alarmbereitschaft versetzt, sofort eine Familienkonferenz ein, bei der auch neue Verbote ausgesprochen wurden, die ich Mutter mitzuteilen hatte.

Die renitente Briefeschreiberin ließ die faktische Kontaktsperre nicht gelten. Einige Tage später klingelte morgens um sieben Uhr das Telefon, Simone weckte mich. Ich hielt den Hörer verschlafen an mein Ohr. Ein Arzt teilte mir in knappen Worten mit, meine Mutter habe sich vor einen Zug geworfen. Im ersten Moment glaubte ich sie in viele Teile zerstückelt, und in Anbetracht ihres Todes heulte ich hemmungslos los. Doch die Stimme im Hörer sprach weiter, und die Nachricht von ihrem Überleben war ebenfalls ein Schock. Bei unserem Besuch im Krankenhaus erfuhren Vater und ich von den Ärzten dann die Geschichte, wie sie von Bahnbeamten erzählt worden war: Eine unter Drogeneinfluss stehende Person habe sich um Mitternacht in Bahnhofsnähe auf den Gleisen balancierend befunden, worauf sie von einem herannahenden Güterzug erfasst und fünfzig Meter durch die Luft geschleudert worden sei. Sie blieb mit verrenkten Gliedmaßen blutüberströmt liegen, der geschockte Zugführer hielt die Frau für tot. Von Kopf bis Fuß mit Blessuren und blauen Flecken übersät, nahm uns Mutter den Umständen entsprechend munter in Empfang. Zuerst sprach sie wüste Verwünschungen in Richtung Pflegepersonal und Mediziner aus, danach kündigte sie in alter Unverschämtheit an, sich nicht um die angedrohten, hohen Geldforderungen der Bahnbetriebe zu kümmern, die sie für Zugausfälle und andere Komplikationen verantwortlich machen wollten. Nach dem Grund ihres nächtlichen Ausflugs befragt, antwortete Mutter: »Ich wollte dich bei diesen schrecklichen Leuten besuchen.« Ich blickte sie an und konnte mir ein Lächeln nicht verkneifen. So gnadenlos sie ihren Niedergang vorantrieb, so wenig Respekt sie ihrem eigenen Leben entgegenbrachte, so dezidiert sprang sie dem Tod jedes Mal von der Schippe, wenn er sich in akuter Reichweite befand.

Später erfuhr ich von zwei anderen möglichen Gründen für diesen schrecklichen Zwischenfall. Mutters erneuter Versuch, einen seriösen Entzug in einer Klinik durchzuführen, scheiterte nach kurzer Zeit, und betrübt über diesen Misserfolg agierte sie wie üblich: indem sie sich aus der Verantwortung schleichen wollte. Nach eigenem Bekunden nahm sie zu diesem Zeitpunkt jedoch an einer Studie für neue Aidsmedikamente teil und litt unter Halluzinationen, die sie zu ihrer halsbrecherischen Aktion verleitet hatten. Mein Bedürfnis, Mutter zu sehen oder zu sprechen, vergrößerte sich nach diesem Treffen nicht. Die wochenlangen Litaneien von Simone und Hansueli, die in Mutters Unfall den Beweis dafür sahen, dass die schlimmsten Existenzen einen Pakt mit dem Bösen schließen, beschäftigten mich nun mehr, als es mir lieb war, und in den nächsten Monaten geriet ich zunehmend unter den Einfluss jener, die für sich in Anspruch nahmen, was auch ich wollte: anders sein als meine Mutter. Nebst den täglichen Gebeten und dem sonntäglichen Kirchenbesuch, dem eine eigene Andacht im Wohnzimmer der Pflegefamilie voranging, besuchte ich nun pro Woche mehrere Veranstaltungen der Freikirche, der die Familie angehörte, darunter auch eine Jugendgruppe, in der gesungen und gebetet wurde. In der Schule blieb ich eine Außenseiterin, und mein soziales Umfeld bestand nun an 28 Tagen pro Monat aus den Mitgliedern der sektenartigen Gruppierung.

Die Absicht, meine früh erlangte praktische Selbständigkeit zu zerstören, mich seelisch und geistig zu schwächen und angreifbar zu machen, zeigte Wirkung. Die dutzendfach wiederholten Vorwürfe zu meiner Fehlerhaftigkeit, zu meinem Ungenügen, zu meiner Wertlosigkeit fielen irgendwann auf fruchtbaren Boden. Sie klammerten sich in meinem Herzen fest, vergifteten es nachhaltig und zogen mich fünfzehnjährig in einen Bann, aus dem ich lange Zeit nicht mehr herausfand. Bisher hasste ich mein Leben, und an diesem Gefühl änderten auch das Snowboard und die warmen Mahlzeiten nichts. Doch während ich in den schwierigsten Zeiten mit Mutter immer eine gewisse Sympathie für mich selbst hegte, mich trotz allem für moralisch integer und willensstark hielt, begann ich nun in diesem positiven Selbstbild – unter dem Einfluss der Pflegeeltern und der Freikirche – einen gigantischen Trugschluss zu erkennen. Komplett verzweifelt und aus diesem Grund wehrlos, ließen sich andere Sünder in dieser seelischen Verfassung leicht bekehren. Bei den Versammlungen wurde auch ich beschimpft und gedemütigt, so lange, bis ich akzeptierte, dass alles zutraf, was sie über mich sagten. Zuerst liefen mir die Tränen über die Wangen. Weiter prasselten ihre Anschuldigungen auf mich nieder. Die Stimmen verstummten erst, als ich, auf dem Boden sitzend, von heftigen Heulkrämpfen geschüttelt wurde. Nun sprach man leise und beruhigend auf mich ein, versprach, dass dieser komplette Zusammenbruch richtig und wichtig sei, um den Pfad der Tugend zu beschreiten. Wenn ich bereit sei, allen Regeln der Kirche Folge zu leisten, bestehe Hoffnung auf Rettung, die Seelenheil und Gottes Gnade beinhalte.

Der Selbsthass brach meinen Willen und verringerte mein bisheriges Vermögen, mich den Menschen entgegenzustellen, die es nicht gut mit mir meinten. So wurde ich zum Instrument jener, die kein Mitgefühl für mich und mein Schicksal hegten, sondern einzig ihre eigenen Ziele verfolgten. Bald akzeptierte ich alles, was die anderen über mich sagten. Dass ich ein schlechter Mensch sei. Schwach. Fehlerhaft. Tief im Innern böse und unfähig, den Verlockungen standzuhalten, die als Voraussetzung für ein gottgefälliges Dasein gelten, aber auch dafür, dass man geliebt werden kann. Um dies zu erreichen, aber auch um den angedrohten schrecklichen Bestrafungen eines rachedurstigen Gottes zu entgehen, von dessen Gnade mein Seelenheil abhing, hätte ich bald alles getan. Ich geriet unter massiven Druck und in große Gewissenskonflikte. Noch heute kann ich Dutzende von Bibelstellen und Psalmen, die der Abbitte dienten, auswendig zitieren. Die Bibel wurde mein Heiligtum, und was in ihr stand, nahm ich wortwörtlich, versuchte das Unmögliche umzusetzen, da die Freikirche keinen Spielraum für Interpretationen oder Adaptionen an die Neuzeit erlaubte.

Im Nachhinein betrachtet, entwickelte ich eine religiöse Neurose, und meine Läuterung trieb ich mit einem Fanatismus voran, der mich an den Rand eines Nervenzusammenbruchs führte. Denn je mehr ich betete, sang, um Vergebung bettelte, meine Persönlichkeit leugnete, die schreckliche Vergangenheit ignorierte und allen religiösen Grundsätzen Folge leistete, die aus mir einen anderen, einen besseren, einen guten Menschen machen könnten, umso größer wurde die Gewissheit eines kolossalen Scheiterns. Ich erinnerte mich an die Geschichte des Hiob, die mich zusammen mit dem »Kleinen Prinzen« durch meine Kindheit getragen hatte. Hiob wurde schuldlos Schweres auferlegt. Gott wollte ihn testen, seine Treue prüfen. Ich klammerte mich an dieser Botschaft fest. Sie machte weniger Sinn als damals, als ich noch an mich glaubte. Ich erinnerte mich an den Satz meines Vaters: »Niemand weiß, wer Gott wirklich ist.« Ich verstand nicht mehr, was gemeint war. Nach qualvollen Nächten, die durch unzählige Stoßgebete unterbrochen wurden, erwachte ich am Morgen erschöpft. In den ersten Sekunden nicht wissend, wo ich mich befand, wurde mir beim Anblick der gemusterten Bettdecke oder wenn ich den Kopf meiner noch schlafenden Cousine zuwandte, bewusst: bei den Pflegeeltern. Angst vor dem Tag ergriff mich, vor dem Leben, vor meiner nicht tilgbaren Schuld, vor den schlimmen Gefühlen, die ich für Mutter empfand, die ich an meinem Leiden schuldig sprach. Die Panikattacken und Heulkrämpfe ließen sich kontrollieren, indem ich sofort aufstand und mich unter die heiße Dusche stellte oder mir Verletzungen mit der Rasierklinge zufügte, beides führte zu einer Verschiebung des morgendlichen Zeitplans um fünf Minuten.

Der erwartete Rüffel von Simone blieb nun aus, und ebenso kommentarlos nahm sie die Anschaffung eines Radioweckers in Kauf. Künftig ließ ich mich fünfzehn Minuten vor dem verordneten Aufstehen um sieben Uhr wecken. Die Musik brachte Linderung, half mir fortan, die morgendlichen Krisen zu bewältigen. Simone, der meine Not und mein turbulenter Gemütszustand nicht entgangen sein konnten, schonte mich in dieser Zeit ein wenig. Ein Pflegekind, das auf dem Weg zu Gott überschnappt, war sicher nichts, worauf man hätte stolz sein können, andererseits umgab die Unfreiheit auch sie. Im Wissen, für immer in der ehelichen Situation gefangen zu bleiben, ohne Recht oder Erlaubnis, die Details einer Geisteshaltung zu hinterfragen, die auf der Furcht vor Gott, der ehelichen Folgsamkeit und der ewigen Minderwertigkeit basiert, erkannte sie in mir vielleicht so etwas wie eine Leidensgenossin. Einmal nahm sie mich mit in die Stadt und kaufte mir lachsfarbene Frühlingsschuhe mit einem kleinen Absatz, die sie mich bei der Rückkehr im Schrankboden verstecken hieß. Ich probierte die Kreation hinter verschlossener Tür, posierte vor dem großen Spiegel im Badezimmer. Was mich vor Monaten noch in Entzücken versetzt hätte, löste nun ein anderes Gefühl aus: Ich fand, es sah billig aus. Dann händigte mir Simone einige meiner konfiszierten CDs aus, ließ mich Papas Kopfhörer benutzen. Die Musik und die Texte erinnerten mich an mein altes Leben, an Simon, an die durchtanzten Nächte im Wald, an den Bahnhof mit den durchfahrenden Zügen, die uns an vielversprechende Ziele führen sollten. Ich fühlte keine Sehnsucht mehr.

Schließlich erlaubte mir die Pflegemutter, was ich mir seit Monaten sehnlich gewünscht hatte: Gesangsunterricht bei einer Opernsängerin. Meine Stimme wurde bei dieser Gelegenheit zum ersten Mal professionell bewertet. Madame Chalots Stimmorgan umfasste mehrere Oktaven, und gegenüber dieser Gewaltigkeit litt mein Selbstbewusstsein als Sängerin ein wenig. Doch bald lernte ich, Noten zu lesen, kannte die Unterschiede zwischen Sopran, Alt, Tenor und Bass, feilte an meiner Stimmlage und eignete mir im Verlauf von Monaten ein Gospel-Repertoire an, das bei Madame Chalot nicht auf uneingeschränkte Begeisterung stieß, mir bei der nächsten Vorführung im christlichen Jugendtreff jedoch Ehre und viel Applaus einbrachte.

# Neues Universum

Die Rückkehr zu Tätigkeiten und Gefühlen, die Vater angesichts seines Verlustes für unnötig und unmöglich hielt, geschah zögerlich, ähnlich einem Schwerkranken, der nach Monaten, die er ans Bett gefesselt verbracht hat, zum ersten Mal Sonnenlicht erblickt, Autolärm vernimmt, dröhnendes Lachen und sich dem ersehnten Leben doch entfremdet fühlt, nicht zugehörig. Wir trauerten gemeinsam, doch während ich mich einer neuen Situation stellen musste, von der ich zumindest anfänglich glaubte, sie bestimme meine weitere Zukunft positiv, sah Vater keine Zukunft vor sich. Er verharrte im Alten, im Schlechten, in der Ungerechtigkeit, die ihm widerfahren war. Seit ich ein kleines Kind war, sprach er jedoch über alles mit mir, und stets teilte auch ich ihm manche meiner Ängste mit, weil nur er allein verstehen konnte, was in mir vorging. Er wusste, dass ich vieles gesehen und Unglaubliches erlebt hatte, mir die Leidensfähigkeit auferlegt wurde, weil es keine andere Möglichkeit gab, um alles durchzustehen. Im Bewusstsein, dass er sich und mich aus verschiedenen Gründen nicht schützen konnte, verzichtete er stets darauf, die Tatsachen zu verharmlosen und somit zu bagatellisieren. Er schonte mich nicht, konfrontierte mich mit den Problemen, machte mir keine falschen Hoffnungen, ging mit sich selbst hart ins Gericht. Seine Ehrlichkeit sich selbst und mir gegenüber nahm ich stets als Kompliment. Er wusste, dass ich der Wahrheit ins Auge blicken konnte, ohne an ihr zu zerbrechen, und dass in diesem Verhalten auch das Vermögen liegt, das Leben zu meistern.

Bereits als kleines Kind fühlte ich mich ernst genommen, und in diesem Sinn widerstand Vater – anderes als ich – auch in späteren Jahren dem Versuch, Versäumtes nachholen zu wollen. Eine Entschädigung für das, was war, und für das, was nicht stattgefunden hat, sah er richtigerweise als Illusion, die zusätzlichen Schmerz verursachen muss. Auf vieles, was sich ereignet hatte, gab es keine Antworten. Ich schrieb ihm in dieser Zeit Dutzende von Briefen, und beim Wiedersehen sprachen wir stundenlang über einzelne Bibelstellen. Sein Interesse war stets echt, wenn er mich fragte: Was kann ich machen, damit es dir besser geht? Wie kann ich zu deinem Glück beitragen? Er ermahnte mich, die verbleibenden Monate bis zu meinem sechzehnten Geburtstag durchzustehen, stark zu sein und mich in den religiösen Fragen auf meinen gesunden Menschenverstand zu konzentrieren. Der war mir längst abhandengekommen. Ich verhedderte mich in den irrationalen Vorgaben, die ich mir selbst auferlegte, und zum ersten Mal verheimlichte ich ihm bewusst, was mit mir los war, weil ich ahnte, dass ihn das Ausmaß meiner religiösen Obsession deprimieren würde. So lautete meine damalige Rechtfertigung; doch heute sehe ich in diesem Verhalten bereits einen ersten Schritt, wie ihn Sektenmitglieder vollziehen, wenn sie sich von ihrem nicht religiösen Umfeld und den weltlichen Einflüssen zu lösen beginnen.

Vater ahnte das Ungute und Belastende, und bei den Besuchstagen, die wir seit dem Tod von Ella wieder allein miteinander verbrachten, versuchte er mir nun ein Universum zu gestalten, das meinen Bedürfnissen als Teenager, aber auch meiner kindlichen Sehnsucht nach einer verträumten, ruhigen und friedvollen Welt entgegenkam: Wenn wir Oma besuchten, hatte sie die Tischplatte bereits mit Alufolie überzogen. Seit ich die klinisch sauberen Zustände im hell erleuchteten Haus der Pflegeeltern als Belastung empfand, investierte ich mein Taschengeld in den Kauf von Kerzen. Ich besaß über zwanzig verschiedene Exemplare in sämtlichen Größen, Farben, Formen. Manche rochen nach Zimt und Kaminfeuer, andere nach Kuchen und Wald. Großmutter und Vater überließen mich jeweils kommentarlos dem Flammenmeer, in das ich anfänglich nur wenige Minuten lang blicken konnte. Sie warteten im Zimmer nebenan. Diese Minuten, die später zu Stunden wurden, verschafften mir eine Pause von mir selbst, und in diesem Zustand erkannte ich einen winzigen Fortschritt, eine Möglichkeit auf Genesung.

Papa erlaubte, dass weitere Zerstreuung Einzug in meine Existenz hielt. Nicht erst seit ich bei Madame Chalot Gesangsunterricht erhielt, erfuhren meine musikalischen Vorlieben eine Veränderung. Für kämpferische Parolen und aggressive Rhythmen, wie sie der Hip-Hop und der Rap lieferten, fehlte es mir nicht an Energie, vor allem sehnte ich mich aber nach Frieden, Ruhe und Toleranz. Ich schwärmte für Janis Joplin, Jimi Hendrix, Jim Morrison, Bob Dylan und andere Interpreten, die ideell mit der Flower-Power-Bewegung und Woodstock in Verbindung standen. Dieses Lebensgefühl verband ich mit Menschen, die in der Liebe zur Natur und im verantwortungsvollen Umgang mit den Tieren und dem Planeten Erde eine Aufgabe sehen, kriegerische Interventionen ebenso wie den Kapitalismus ablehnen und, ganz wichtig: gleichberechtigte Menschen sind. Über Kollegen lernte ich ein autonomes Kulturzentrum kennen und bearbeitete Vater so lange, bis er mir einen Besuch erlaubte.

In dem märchenhaften Ambiente, dem improvisierten Mobiliar, den selbst gebastelten Dekorationen, den Laternen, Kerzen und Lagerfeuern erkannte ich sofort ein Zuhause. Die Musik brachte mich seit meiner frühsten Kindheit in Zustände, die man als ganzheitlich und vergessend, vielleicht auch einfach als losgelöst bezeichnen könnte. In den Jahren bei den Pflegeeltern hatte ich diesen Bezug verloren, und gleichzeitig war ich erwachsen geworden. In elektronischen Beats, die schneller als der Herzschlag sind, in wirbelnden Klangmustern und hypnotisierenden Rhythmen, die einen über Waldlichtungen und in ferne Galaxien führen, die Erde und Universum mit einem Sternenregen verbinden, fand ich nun eine neue musikalische Heimat und einen seelischen Trost. Zu »Psytrance« konnte ich stundenlang tanzen, und als wäre mein Kopf mit Zuckerwatte gepolstert und meine Seele mit Honig übergossen, gab ich mich einem träumerischen Zustand hin, in dem das Denken und Fühlen in ruhige Bahnen gelenkt wurde. Gleichzeitig fand ich jene sanftmütigen und starken Menschen, von denen ich nicht wusste, dass sie existieren, und die mir in meinem Dasein so sehr gefehlt hatten. Jene, die mich, minderwertig und schwach, wie ich mich damals fühlte, mit offenen Armen aufnahmen, nicht urteilten, nicht forderten, sondern mich respektierten, so wie ich nun mal war.

Eines Abends saß ich vor einem improvisierten Feuer, als ein Mädchen auf mich zuschwebte. Es trug einen bodenlangen Rock in Regenbogenfarben, ging barfuß, und bei jedem Schritt klingelten an feinen silbernen Fußketten befestigte Glöckchen. Um den Hals trug sie Schmuck in Form von Federchen, Blumen und Schmetterlingen. Die Dreadlocks feuerrot gefärbt, im Nasenflügel ein glitzerndes Piercing, blickte sie mich freundlich an. Zuerst dachte ich, dieses feenartige Geschöpf entspringe meiner Fantasie. Doch das Mädchen sprach in klaren Sätzen, und als ich fragte, welche Musik ihr gefalle, antwortete sie: »Goa«. Dieser aus Indien stammende, elektronische Stil – ein Subgenre der Trance-Musik – und die damit verbundene Philosophie sollten mein künftiges Leben mehr als alles andere beeinflussen.

Nachdem ich mich bereits wochenlang gewissenhaft mit der Thematik befasst hatte, nahm ich in dieser Nacht gemeinsam mit einer Freundin psychedelische Pilze ein. Die Party befand sich erst im Aufbau und die Dämmerung brach herein. Kunstvoll gearbeitete Eidechsen aus Porzellan zierten die Kacheln in der Toilette. Bald lösten sich die Tiere aus der Starre, wurden lebendig, liefen über die Wände, lächelten mir zu und schlugen Purzelbäume, während der Klang der Spülung zu einem musikalischen Wasserfall anwuchs, mich Stimmen und andere Geräusche mit einer akustischen Präzision fesselten, wie ich sie noch nie zuvor erlebt hatte. Wir glaubten, unser Aufenthalt hätte nicht länger als fünf Minuten gedauert, doch als wir wieder ins Freie traten, herrschte dunkle Nacht, und die Party befand sich in vollem Gang. Fluoreszierende Fantasiegebilde, so groß wie Güterzüge, flogen durch den nachtschwarzen Himmel, und fünfhundert Menschen versanken in einer einzigen Umarmung. Das Zeitgefühl kam mir in dieser magischen Nacht abhanden, und eine Blockade aus Kummer, Trauer und Schmerz löste sich auf. In den frühen Morgenstunden erwachte ich ohne Furcht in der Realität und fühlte mich gereinigt, entschädigt, befreit.

In dieser Zeit suchte ich erneut den Kontakt zu Mutter: Nach einer Party, auf der ich LSD konsumiert hatte, besuchte ich sie zusammen mit meiner Kindheitsfreundin Marie. Mutter, ebenfalls verladen, erkannte unseren Zustand sofort und nahm uns strahlend in Empfang. Ich sah sie in dieser Nacht – unter dem Einfluss der bewusstseinsverändernden Substanz – neu. Ich erkannte echte Freude, als sie mich erblickte. Ich erkannte Not, Angst und Trauer über ein weggeworfenes Leben. Zu dritt sprachen wir miteinander und verstanden ohne Streit, was der andere meinte. Mutter wollte noch mehr Gemeinschaft, noch mehr Harmonie, noch mehr Verständnis – und nun konsumierte auch Marie Kokain. Ich dachte an ein Versprechen, das ich Mutter vor Jahren gegeben hatte und an das ich mich strikte hielt: niemals harte Drogen zu konsumieren. Als Gegenleistung versprach sie mir damals, keine Suizidversuche mehr zu unternehmen und auch nicht mehr mit dieser Bestrafung zu drohen. In den folgenden Stunden, ich war allmählich wieder nüchtern, wurden Marie und sie unter dem Einfluss des Kokains zu besten Freundinnen, während ich mich erneut außerhalb von Mutters Gefühlswelt befand. Was mir stets Kummer und Schmerz bereitet hatte, erkannte ich nun als Schicksal. Unsere Einigkeit ließ sich nur unter dem Einfluss von Drogen herstellen. Obwohl ich mich nach Versöhnung sehnte und Möglichkeiten suchte, um ihr vergeben zu können, gab mir auch die Erinnerung an unser Versprechen die Kraft, mich dieser Illusion niemals hinzugeben.

Obwohl offensichtlich ein Schutzengel seine Flügel über mir aufspannte, blieben die verbleibenden Monate im Haus der Pflegeeltern anstrengend. Meine Religiosität oder vielmehr der einsetzende Ablösungsprozess, der mit meinem großen Bedürfnis verbunden war, zu meiner Persönlichkeit zurückzukehren, verursachte psychischen Stress. Denn gleichzeitig glaubte ich weiterhin, dass ich es nie schaffen würde, Gottes Wohlwollen zu erlangen. Dass mir mein neu entdecktes Universum Zuneigung und Ansätze einer neuen Weltanschauung vermittelte, entging Simone und Hansueli nicht. Kehrte ich von meinen Besuchstagen bei Vater zurück, überhäuften sie mich mit Vorwürfen zu meiner lasterhaften Lebensweise, andererseits konnten sie sich dem durch Vater erlaubten Freizeitprogramm nicht entgegenstellen, und so blieben ihnen die Hände gebunden. Nach fantastischen Wochenenden litt ich dennoch unter starken Schuldgefühlen. Der großen Euphorie folgten dunkle Zustände der Verzweiflung, in der ich mein Leben als ungerechte Bestrafung sah. Meine labile Verfassung konnte für die Pflegeeltern zweierlei bedeuten: meine Loslösung von der Freikirche oder die gänzliche Hinwendung zur Religion. Den früheren Bekehrungsversuchen hatte ich mich widersetzt. Da mein baldiger Auszug bevorstand, galt es nun, eine Entscheidung zu forcieren, und nach wochenlangen Standpauken, in denen sie mir meine Zukunft ohne Gott in furchtbaren Szenarien schilderten, stand eine feierliche Segenshandlung an, die den Übertritt in das kirchliche Erwachsenenalter und den Beitritt in die Glaubensgemeinschaft markieren sollte. Es kostete viel Kraft, aber ich ließ mich nicht manipulieren und antwortete auf die Frage aller Fragen: »Nein, ich will nicht.«

Die verbleibenden Wochen beachteten mich die Pflegeeltern kaum. Es war mir egal. Ich wollte weg, und zwar so schnell wie möglich. Andere Eltern luden zum Schulabschluss ihrer

Kinder ein. Katja, die Mutter meiner Freundin, gestaltete die Einladungskarten selbst, und zusammen kauften sie für Pia ein himbeerfarbenes Chiffonkleid mit einem Saum, den winzige Glasperlen zierten. Ihre familiäre Zweisamkeit beobachtete ich schon seit langem: Wie sich die beiden umarmten. Wie sie zusammen über die Liebe, das Leben, den nächsten Urlaub, die Zukunftspläne sprachen. Wie sie stritten und wütend waren, Türen knallten, sich hinsetzten und über alles miteinander sprachen. Wie sie gemeinsam weinten, als die Katze starb. Wie sie es nicht schafften, das neue Himmelbett aufzubauen. Wie sie zusammen kochten, die gleichen Bücher lasen, sich vor dem Spiegel schminkten und Grimassen schnitten. Wie sie lachten und jubelten, als Pia die ersehnte Lehrstelle ergatterte.

Ich bewunderte beide, und gleichzeitig fühlte ich brennenden Schmerz und Trauer. Zum ersten Mal wurde mir bewusst, was eine Familie ist und was die Mutter der Tochter sein kann: Freundin und Ratgeberin, Beschützerin, Vorbild und vielleicht sogar eine Seelenverwandte. Ein Mensch, dessen Gefühle und Gedankenwelt man mühelos versteht, dem man so vieles verdankt, für den man eine so tiefe Zuneigung empfindet, dass diese Liebesgeschichte ewig dauert und man sich nie einsam fühlen wird. Ich versuchte mich zu erinnern: Ein Abend ohne Streit, eine Woche ohne aggressive Ausbrüche blieben als gute Zeiten mit Mutter im Gedächtnis, aber bereits als Sechsjährige erlebte ich den kurzen Frieden als trügerisch, weil ich wusste, dass die nächste Katastrophe nur eine Frage der Zeit war. Kannten wir uns überhaupt? Unsere Gefühle und Sorgen, die innersten Ängste und die verborgenen Talente der anderen? Nicht nur, was geschieht, auch was nicht geschieht, beeinflusst ein Schicksal für immer.

Ich dachte an Mutters gemachte und nie erfüllte Versprechungen. Ins Disneyland wollte sie mit mir gehen. Damals glaubte ich ihr noch, erzählte meinen Schulkameraden von dem bevorstehenden Ausflug, der nie stattfand, wofür ich mich in Grund und Boden schämte. Einen warmen Pullover versprach sie zu stricken, einen Kuchen zu backen, Blumentöpfe auf den Balkon zu stellen, Ordnung zu schaffen, kein Heroin mehr zu spritzen, nicht mehr zu schlagen. Hatten wir je zusammen gelacht? Ich dachte an jene Nacht, als wir zusammen einen Joint rauchten, uns im Take-away die Pizza erschlichen, und plötzlich erinnerte ich mich an den Besuch einer Kirmes und ein gehaltenes Versprechen: Das Geld von Herrn Reza in der Tasche, schleuste mich Mutter in eine neuartige Loopingbahn ein und umschiffte die Kontrolle mit einer Lüge. Bereits als sich die automatischen Sicherheitsbügel über mir senkten, bemerkte ich, dass etwas nicht in Ordnung sein konnte. Da ich nicht nur dünn, sondern auch jünger war, als von den Bahnbetreibern vorgeschrieben, rutschte ich in schwindelerregender Höhe beinahe aus der Vorrichtung, die mich festhalten sollte, und während sich das Gefährt in rasendem Tempo verselbständigte und sekundenlang in umgekehrter Position zwanzig Meter über dem Boden verharrte – was bei meinen Sitznachbarn für frenetische Schreie sorgte –, klammerte ich mich entsetzt und stumm an den Handläufen fest. Mutter nahm mich grinsend in Empfang. Die schmerzenden Gelenke tat sie als Simulantentum ab, gleichzeitig versprach sie: »Jetzt kaufe ich dir ein Geschenk.« Die Plastikpuppe verfügte über einen weich gepolsterten Körper. Arme und Beine wild schlenkernd, hielt Mutter das zum Zappeln gebrachte Spielzeug nun jedem, der unseren Weg kreuzte, kreischend vor das Gesicht. Sie lachte Tränen über die sich erschreckenden Männer und Frauen. Und ich lachte mit.

In Erinnerung an Mutter verließ ich das Haus der Pflegeeltern, die akkurat gepflanzten Bäume, die identischen Gärten und Parkplätze, und mir war klar, dass ich auch in diesem sauberen und geordneten Umfeld nicht gelernt hatte, was Normalität in vielen Facetten bedeutet. Doch trat ich diesen Rückzug weniger erleichtert an als den vor drei Jahren, als ich aus der Gefahrenzone meines alten Lebens weggeführt worden war. Jetzt war ich sechzehn, auf mich allein gestellt, und meine Zukunft lag ungewiss vor mir. Die Abkehr von der Freikirche bedeutete nicht zwangsläufig meine Befreiung von jenen Ideen, die mir anfänglich so absurd erschienen waren. Ich ging in der Überzeugung weg, dass Mädchen, die Miniröcke tragen, sich versündigen und die alleinige Verantwortung tragen, wenn es zu sexuellen Übergriffen kommt. Solches und anderes Gedankengut umgab mich nun ebenso hartnäckig wie die Erfahrungen meiner Kindheit, und gepaart mit einer maßlosen, aber unerfüllten Sehnsucht nach Liebe und Begeisterung für meine Person, befand ich mich in einem sonderbaren Zustand der Wut und Ratlosigkeit.

Von meinem Wunsch, ein Jahr lang bei ihm zu leben, wollte Vater – der weiterhin mit seinen eigenen Problemen kämpfte – nichts wissen. Er organisierte mir eine Au-pair-Stelle im Welschland. Das Aneignen von Französischkenntnissen sollte meine Chancen erhöhen, später eine gute Lehrstelle zu ergattern. Auch ich sah in der Disziplin und im Leistungsgedanken eine Möglichkeit, um mich von jenen Versagern abzugrenzen, die mich jahrelang so zahlreich umgeben hatten. Eine Ausbildung zu absolvieren, Geld zu verdienen und ein anständiges und arbeitsames Leben zu führen, stand auf meiner Prioritätenliste an oberster Stelle. Doch im Moment, als es um die Umsetzung dieser Träume und Ziele ging, fehlte es mir an Kraft, und lustlos akzeptierte ich Vaters Plan, der mich räumlich so weit von ihm wegführen sollte wie noch nie.

Befreit von vielerlei Zwängen und Sorgen, die meinen Alltag bisher bestimmt und meine Gedanken absorbiert hatten, verlor ich in den folgenden Monaten den Boden unter den Füßen und fand mich gleichzeitig selbst. Die Goa-Zeit wurde zu meiner Psychoanalyse, sie katapultierte mich in die Kindheit zurück und führte mich Schritt für Schritt aus ihr heraus. Aufholend und nachholend, nahm mich an den Wochenenden, an denen ich aus der Welschschweiz heimkehrte, eine harmonische Märchenwelt auf, in der sich Feen und Kobolde tummelten, das Übersinnliche und Unerklärliche zu einem Lebensgefühl gehörte, das mich von meinem religiösen Trauma nicht befreite, mir aber neue Werte und moralische Vorstellungen offenbarte, die meinem Wesen entsprachen. Ich fand geistige und körperliche Ruhe, und wie einst auf dem Land, als ich über die offenen Felder rannte, wurden die Natur, die Wälder und Wiesen, der nächtliche Regen und die lichte Morgendämmerung zum Schmerzmittel, zum Sedativ, zum Aufbaumittel.

Längst hatte ich mich zu einem wandelnden Lexikon entwickelt, wusste alles über psychedelische Drogen und legte im Umgang mit ihnen einen vorsichtigen und geradezu organisierten Umgang an den Tag. Ich wusste, dass jeder Mensch anders auf bewusstseinsverändernde Substanzen reagiert, der Mischkonsum unberechenbare Folgen haben kann, man sich an Ruhepausen halten soll und gewisse Umstände – wie beispielsweise eine schlechte Gemütslage oder das falsche Setting – als

Gründe akzeptieren soll, um den Konsum zu unterlassen oder zu minimieren. Bei Mondschein tanzend oder im meterhohen Gras liegend und im Kreis meiner Freunde, wurden die Musik und die Drogen eins: Zusammen eröffneten sie mir unbekannte positive Gefühlswelten und brachten mich mit allem, was mich umgab, in enge Verbindung. Tanzend, schlafend und meditierend, flog ich ohne Zeitgefühl durch eine wundersame Existenz, kam erneut in Verbindung mit dem Universum, dem Guten, der Liebe und dem Glück. Alles, was mir gefehlt hatte, alles, was ich ersehnte, fand Erfüllung in diesen endlos scheinenden Nächten, in die ich gedankenlos, aber nicht kopflos, sondern über sämtliche Risiken und Nebenwirkungen bestens informiert, abtauchte.

Heroin, Kokain oder andere harte Substanzen kursierten in dieser friedlichen Szene wenig, und ich konsumierte sie niemals. Dennoch folgten den fantastischen Wochenenden hässliche Tage, die mich an die wankelmütigen Gemütszustände von Mutter erinnerten, die hassend und negativ in einer Endlosschlaufe hängen blieb und sich in ihrem Unglück wälzte, ebenso wie in der Unfähigkeit, etwas an ihrem selbst verschuldeten Schicksal zu ändern. Mit meiner schwierigen Vergangenheit brachte ich meine dunklen Zustände in Verbindung, und doch wurden die euphorischen Zustände in meiner Logik nicht mit Traurigkeit bestraft, sondern beide Gefühle funktionierten für mich als gegensätzliche Energien, die eine Einheit bildeten. Es dauerte Monate, bis ich der Wahrheit ins Auge blicken konnte und erkannte, dass ich nicht Drogen konsumierte, weil es mir schlecht ging, sondern dass es mir schlecht ging, weil ich Drogen konsumierte. Meine unbändige Angst vor dem Teufel, den Dämonen, der göttlichen Bestrafung, so musste ich mir eingestehen, drangsalierte mich in nüchternem Zustand mehr denn je.

Eine erste Entlastung fand ich nicht in der Esoterik und nicht im Heidentum, sondern in einer endlosen Nacht, als ich schlaflos war und plötzlich etwas Kaltes auf meinem Rücken lag. Starr vor Angst wagte ich keine Bewegung, harrte stundenlang mit flachem Atem bis in die frühen Morgenstunden aus. Als strahlender Sonnenschein das Zimmer erhellte, nahm ich all meinen Mut zusammen, befahl dem Dämon, zu verschwinden, und gleichzeitig schloss ich einen Pakt mit mir selbst: Künftig wollte ich mich auf einen Gott konzentrieren, der mir mit positiven Erlebnissen und Gefühlen seine Existenz zeigt. Es gelang mir nicht immer. Linderung sowie Heilung suchend, befasste ich mich später intensiv mit Naturreligionen, fand vorübergehend in einer Mysterienreligion Zuflucht, die sich auf Erkenntnisse aus dem eigenen Leben und auf die Transformation konzentriert. Auch meine autodidaktisch angeeigneten Kenntnisse als Kräuterexpertin, die selbst hergestellten Mischungen, das Räucherwerk und die Badezusätze brachten meinen natürlichen und kindlichen Glauben an einen Gott, der mir bis zu meinem dreizehnten Lebensjahr stets als Anker im Guten gedient hatte, nicht nachhaltig zurück. Ich hasste und fürchtete noch immer alles, was mit der klassischen Religiosität in Verbindung steht, und ertappte mich zweimal, wie ich Missionierende, die mich auf der Straße ansprachen, beschimpfte und zum Teufel wünschte.

Einem Zufall war es schließlich zu verdanken, dass ich viele Jahre später Bekanntschaft mit einem Pfarrer machte, der sich mit allen Weltreligionen befasste, mit spirituellen Belangen eine herzliche Beziehung pflegte und dem Übersinnlichen mit

Pragmatismus begegnete. Meine Ideen, die verbliebenen Ängste und unrealistischen Ansprüche an mich selbst wischte er nicht als Hirngespinste vom Tisch. Er nahm sich in monatelanger Arbeit jeder einzelnen Frage an, die mich ringen und verzweifeln ließ, und führte eine Art Debriefing durch. Die Frage nach der Erbsünde, die mich noch immer nächtelang umtrieb, beantwortete er schlüssig, mich und auch Mutter entlastend.

Mein Welschlandjahr, das mit dem Wegzug aus der Deutschschweiz verbunden gewesen war, hatte ich Mutter nach langem Stillschweigen in einem kurzen Telefonat mitgeteilt. Das Gesagte quittierte sie damals mit einem Wutausbruch. Nun zog ich wieder in ihre Nähe. Ich konsumierte keine psychedelischen Drogen mehr und widmete mich stocknüchtern und sehr ambitioniert einem Ziel, das mich von allen Verfehlungen freisprechen und die bösartigen Prophezeiungen zu meiner Zukunft Lüge strafen sollten: Meinen Wandel zu einem wertvollen Mitglied der Gesellschaft trieb ich voran, indem ich Dutzende von Bewerbungen verfasste und verschickte. Mein Aufwand wurde mit einem Lehrvertrag belohnt. Am Ende der dreijährigen Ausbildungszeit würde ich in einem blütenweißen Kittel mit Mundschutz vor einem Zahnarztstuhl stehen und dem Chef in einer klinisch sauberen Praxis flink und kompetent bei dentalchirurgischen Eingriffen assistieren, die alle Patienten komplett schmerzfrei überstehen sollten.

Mutter lebte zu diesem Zeitpunkt in einer betreuten Wohneinrichtung für Drogenabhängige, trieb die Sozialarbeiter und Fachleute allerdings an den Rand der Verzweiflung, da sie weiterhin exzessiv konsumierte und sich an keine Regeln hielt, die mit dem dortigen Aufenthalt verbunden waren. Wochen später willigte ich für ein Treffen ein und erschrak: Mit aufgedunsenem Gesicht und ohne Gebiss, das ihr offenbar in einer langen Nacht abhandengekommen war, wirkte sie wie eine Greisin, obwohl sie erst 42 Jahre alt war. Sie hatte den Blick einer Todgeweihten, und ihr Sterben schien nur noch eine Frage von Monaten zu sein. Jenen Furor, den sie stets versprühte, die Wut und die Aggressivität als Lebenselixier, ging in der zunehmenden Schwäche von Körper und Geist verloren. Sie klammerte sich an mich, befahl Hilfeleistungen und Zuneigung, Geld und Absolution für alle Vergehen, die sie gleichzeitig kategorisch verneinte, nicht wahrhaben wollte. Bei früheren Gelegenheiten zeigte ich keine Bereitschaft, dieses Verhalten zu akzeptieren, ließ nicht locker, hielt mit Anschuldigungen nicht zurück, worauf sie in Selbstmitleid verfiel und tausend Entschuldigungen fand für ihr angeblich schuldloses Scheitern. Diesmal gab ich ihr außer Geld alles.

Ich verübelte und untersagte mir die forcierten Zusammentreffen künftig, denn ich erkannte darin eine böse Strategie; die Bestätigung einer Hoffnung, die sich spielend erfüllen ließ. Mutters abschreckende Wirkung war intakt, und mein Vorhaben, das Leben ohne Drogen oder Alkohol zu meistern, ließ sich nach diesem Zusammentreffen weiterhin problemlos in die Tat umsetzen.

# Michelles Freundin

*Im Zimmer meines Sohnes herrscht Ordnung. Er besitzt schöne Spielsachen, an den Wänden hängen Bilder von Tieren, und im Sommer spielt er im ordentlichen Garten, der hinter dem Haus liegt. Ich nehme mir viel Zeit für ihn, bin gern mit ihm zusammen und beobachte alle Entwicklungsschritte, die er macht, ganz genau. Seit Julian auf der Welt ist, erkenne ich, wie viel Verantwortungsgefühl ein Kind der Mutter abverlangt, aber auch, wie viel Freude und Sinn es einem vermittelt. Kleine Lebewesen brauchen Routinen, alle zwei Stunden den Schoppen, Ruhepausen, und ein aufmerksames Kümmern und Beobachten ist nötig. Mein Partner sah das nicht ein. Wenn er mit Drogen experimentierte, hatte er für die Bedürfnisse seines Sohnes zwangsläufig keine Nerven mehr. Wenn er in diesem Zustand mit unserem Kind spielte, gab es heikle Situationen, die er als nicht gefährlich einstufte. Das erinnerte mich schlagartig an die vielen Versäumnisse und Gefahren meiner eigenen Kindheit. Ich fand sein Verhalten unerträglich, und vor einem halben Jahr zog ich einen Schlussstrich, weil mir Julians Wohlergehen wichtiger ist als alles andere.*

*Es ist eine Crux: Wenn man in zerrütteten Verhältnissen aufgewachsen ist, zieht es einen beinahe magnetisch dort-*

hin zurück, weil einem die Menschen und der Lebensstil so vertraut sind, man einen anderen Lifestyle tief im Herzen als bünzlig empfindet. Dieses Verhaltensmuster wollte ich hinter mich bringen, und damit es so bleibt, muss ich achtsam bleiben und an mir arbeiten. Julian ist mir dabei eine Hilfe. Ein Kind kann Lebensinhalt sein, das stimmt. Es kann ein Grund sein, um nicht abzuheben, keine Dummheiten zu machen, sich auf das Wesentliche zu konzentrieren. Aber gegen die Drogen kommt auch ein Kind nicht an, das sahen meine Kindheitsfreundin Michelle und ich bei unseren Müttern. Meine Mutter starb vor zehn Jahren. Sie wurde nur 35 Jahre alt. Ich war damals knapp sechzehn.

Ich war auch einige Male bei Michelle zu Besuch: Bei ihr zu Hause war es so trostlos, chaotisch und abstoßend wie bei uns. Aber anders als bei Michelle, war meine Mutter unter dem Einfluss von Drogen oder wenn sie auf Entzug war, nicht aggressiv oder gewalttätig. Unsere Mütter verkehrten im gleichen Drogenhaus: dem Sternenbühl. Die Zustände dort waren extrem, noch heute fällt es mir schwer, darüber zu sprechen. Es wimmelte von Ungeziefer und Abfall, Hunde und Katzen warfen in diesem Chaos wahllos ihre Jungen, wurden von den Junkies jedoch nicht gefüttert. Es war schlimm. Die Tiere litten und die Menschen auch. Es gab unzählige Katastrophen, und wenn einmal eine Kleinigkeit gut schien, war es im nächsten Moment bereits wieder schlimm: Einmal aß ich dort einen Teller Büchsenravioli mit roter Tomatensauce, das war ein seltener Luxus. Auf dem Stuhl neben mir setzte sich ein Junkie einen Schuss, worauf Blut seinen Arm entlanglief. Das Blut war genauso rot wie die Tomatensauce im Teller. Obwohl ich hungrig war, blieb mir der Bissen im Hals stecken.

Mutter hat zuerst Folie geraucht, danach spritzte sie Heroin. Weil es in der Gemeinde so viele Drogensüchtige gab, die tun und lassen konnten, was sie wollten, geriet sie immer tiefer in den Drogensumpf hinein. Als Neunjährige – Mutter war zu diesem Zeitpunkt erst 27 – schmiss ich, ähnlich wie Michelle, bereits den Haushalt und kümmerte mich beinahe ausschließlich um die Bedürfnisse von Mama. Der Hase verhungerte, dafür mache ich mir noch heute Vorwürfe, es war alles zu viel für mich. Wir beschafften auch zusammen das Geld für die Drogen, machten Einbrüche oder begingen Diebstähle. Einmal wurden wir verhaftet. Mutter blieb in Untersuchungshaft, mich schickten sie nach Hause. Wir waren auf dem Radar der damaligen Vormundschaftsbehörde, aber einen Beistand hatten wir nicht, dies wurde als Eingriff in die Privatsphäre meiner Mutter qualifiziert. Ich isolierte mich zunehmend und war in der Schule eine Außenseiterin. Meiner Freundin ging es in meinen Augen noch schlechter als mir, weil ihre Mutter so unberechenbar und egomanisch war. Wenn wir uns sahen und uns erzählten, was sich Sandrine und Rea wieder geleistet hatten, konnten wir lachen und fühlten uns weniger allein.

Wir waren im Alltag beide ohne Unterstützung oder Hilfe von außen. Mein Vater war längst über alle Berge, ich sah ihn erst als Achtzehnjährige wieder. Mit elf kam ich in ein Kinderheim. Eine andere Kollegin, die den süchtigen Eltern weggenommen worden war, wusste vom

Heim nur Gutes zu berichten, und ich freue mich richtig darauf. Mutter heulte zwar wie ein Schlosshund, aber sie ließ mich – anders als Michelles Mutter – ziehen und rettete mir so vielleicht das Leben. Im Heim herrschten tatsächlich paradiesische Zustände: Es gab regelmäßige Essenszeiten, Spielprogramme für uns Kinder, wir konnten in Ruhe für die Schule lernen. Es war die reine Erholung für mich, und ein anderes Glück hatte ich auch: Meine Beiständin, die mir in der Zwischenzeit zugesprochen worden war, erwies sich als tolle Frau. Sie unterstützte mich mit Rat und Tat, war entschlossen und mutig in ihren Aktionen. Sie vermittelte mir die richtigen therapeutischen Angebote, als ich als Jugendliche eine schwere Bulimie entwickelte. Seit dieser Ess-Brech-Sucht kann ich ansatzweise nachvollziehen, wie gewaltig eine Abhängigkeit sein kann und wie viel Kraft und Wille nötig sind, um sie zu überwinden.

Meine Mutter sah ich nur noch selten. Sie hatte einen Entzug versucht, denn eigentlich lautete der Plan, dass ich nach ein bis zwei Jahren zu ihr zurückkehren sollte. Vorausgesetzt, sie erholte sich und führte ein halbwegs geregeltes Leben. Aber das war natürlich eine Illusion: Abszesse bis auf die Knochen, unbehandelte Brüche, lebensbedrohliche Viruserkrankungen: Sie sah extrem schlimm aus und lebte jetzt ohne festen Wohnsitz nur noch auf der Gasse. Einmal besuchte sie mich im Heim, ich durfte den Tisch vorzeitig verlassen. Ich suchte sie überall und fand sie in meinem Kleiderschrank. Ich fragte, was sie dort mache. Sie antwortete, sie suche das Methadon, und klappte dann auf meinem Bett zusammen. Ich agierte wie üblich, denn ich dachte, wenn die Heimleitung Mutter so sieht, hat es negative Konsequenzen für sie. Ich war ziemlich verzweifelt, organisierte den Karren für die Milchkannen, lud sie auf das Gefährt und fuhr die Bewusstlose ziellos in den nahen Wald hinaus. Irgendwann suchten mich die Leiterinnen und fanden uns. Anstatt einen Aufstand zu machen, halfen sie mir mit Mutter. So waren die im Heim: schwer in Ordnung.

Ich wurde trotzdem rebellisch und kam auch aufgrund meines Alters in ein Jugendheim. Dort gab es nur ganz extreme Fälle. Jugendliche, die bereits schwer gestört waren, und verglichen mit deren Leidensgeschichten, war meine Story mit Mutter eher harmlos. Manche kamen auch aus der geschlossenen Psychiatrie. Zusammen formierten wir einen anarchistischen Haufen, die Leiter und Therapeuten standen uns machtlos gegenüber. Ich versuchte bald bewusst, mich dem schlechten Einfluss zu entziehen. Mit dem Resultat, dass ich nach den Wochenenden pünktlich zurückkehrte und im Umgang mit Suchtmitteln vorsichtiger war als die anderen. Schließlich flogen alle anderen aus dem Heim, und ich war die Einzige, die übrig blieb, worauf die Institution geschlossen werden musste. Es folgte eine Irrfahrt durch die Institutionen: Pflegeeltern, andere Heime, ein Time-out.

Mit eisernem Willen zog ich die Lehre durch. Bereits im ersten Heim betreuten mich Wochenendpflegeeltern, damit ich die Sonntage nicht immer allein verbringen musste. Diese Leute gehörten einer Freikirche an und nahmen mich zu den Treffen mit. So sah ich meine Kindheitsfreundin Michelle wieder. Die Freude war riesig. Sie sah *gut aus, war aber ziemlich eingebunden: Es ergab sich keine Gelegenheit für ein Treffen zu zweit. Ich war einfach beruhigt, dass sie noch lebte oder, besser gesagt, dass wir beide überlebt hatten. Andere aus dem ehemaligen Kollegenkreis waren bereits übel abgestürzt oder tot. Sechzehnjährig, war ich längst erwachsen. Mutter agierte wie alle Drogensüchtigen: Sie zehrte übermäßig von meiner Energie. Ich ließ sie wissen, dass sie an meinem Leben teilnehmen darf, ich ihr aber die geforderte Hilfe in praktischen und psychischen Belangen nicht geben kann und auch nicht will, weil mich das überfordert. Als Mutter starb, war es schlimm und doch eine Erleichterung. Sie hatte mir verschiedene Male gesagt, sie möge nicht mehr und wünsche sich das Ende herbei. Das Methadon »auf Vorrat« erhielt sie vom gleichen Arzt, bei dem auch Michelles Mutter in Behandlung war. Ich weiß nicht, ob Mutters Überdosis mit Methadon und Valium ein Unglück war oder eine bewusste Entscheidung, es spielt eigentlich auch keine Rolle mehr.*

*Michelle traf ich drei Jahre später per Zufall im Zug wieder, und seither sind wir erneut befreundet, besuchen einander, telefonieren, rekapitulieren die schweren Jahre, stellen gemeinsame Überlegungen an. Der Kontakt tut uns gut. Unter dem Strich kann man sagen, dass es meine Freundin schwerer gehabt als ich, weil sie so lange in der Situation gefangen blieb und ihr Beistand jahrelang nichts unternommen hat. Dass sie gegenüber manchen Behörden, Ärzten und Polizisten einen Groll hegt, verstehe ich gut. Auch die Versöhnung mit ihrer Mutter ist ein Prozess, der nicht abgeschlossen ist.*

*Ich trug meiner Mutter lange Zeit nichts nach: Ich liebte sie so, wie sie war, befand mich im Frieden mit ihr und hatte keine Mühe, ihr alles zu verzeihen. Doch diese Haltung wurde mit der Geburt meines Kindes einer Prüfung unterzogen. Ihre Versäumnisse sehe ich heute klarer, weil ich so viel Kraft darauf verwende, meinem Sohn eine beschützte und friedliche Kindheit zu ermöglichen. Wenn Michelle und ich über unsere Kindheit sprechen, kommen wir zum Schluss, dass süchtige Elternteile meinen, sie könnten für ihre Kinder sorgen. Sie haben eine verschobene Realität und bemerken also gar nicht, dass sie einem Trugschluss unterliegen. Dementsprechend uneinsichtig sind sie, wenn es um dringend notwendige Veränderungen geht, und dementsprechend wichtig wäre es, dass diese Leute durch genau definierte Verantwortliche stärker kontrolliert würden.*

*Wie auch immer: Zwei Jahre nach dem Tod von Mutter brach ich ohne Vorwarnung nach Portugal auf, um meinen Vater zu besuchen, der sich dort niedergelassen hatte. Als er die Tür öffnete, traute er seinen Augen nicht, erkannte mich aber sofort. Vorwürfe bringen nichts mehr, sie verhindern den Gang in die Zukunft. Meinen Vater besuche ich seither immer wieder, er kennt auch seinen Enkelsohn, und über Umwege kam ich sogar zu einer neuen Verwandtschaft. Heute geht es mir gut. Im kleinen Dorf, in dem ich lebe, bin ich integriert und beliebt. Demnächst mache ich mich selbständig. Die Zukunft liegt heute beinahe verheißungsvoll vor mir und meinem Sohn.*

# Märchenprinz

Inzwischen lebte ich in einer großen Wohngemeinschaft auf einem Lehrlingscampus, genoss den Freiraum, wurde eine ausgezeichnete Berufsschülerin und fand im antiseptischen Praxisalltag der sich desinfizierend und sterilisierend um akkurate Handlungsabläufe und einen fanatischen Ordnungswillen drehte, einen sinnvollen sowie beruhigenden Kosmos. Jeden Tag trug ich frische Arbeitskleidung und schneeweiße Turnschuhe, beides diente allein dem Aufenthalt im hygienischen Umfeld. Ich liebte den Geruch von Mundwasser und Seife und alles, was nach dem einmaligen Gebrauch sofort entsorgt werden konnte: die mintgrünen Atemmasken, die weichen Latexhandschuhe, die Papierschürzen. Privat verfügte ich zum ersten Mal über Geld, das ich für Kleidung und Modeschmuck ausgeben konnte, die meinem Geschmack entsprachen. Musikalisch kamen in der Lehrzeit Dancehall und Ragga dazu, dennoch blieb ich dem Psytrance und dem Goa verbunden. Ich besaß ein kunterbuntes Mäntelchen mit Ärmeln in Tulpenform und großen Knöpfen aus Holz, bestickte Blusen, bunte Kordhosen und indische Halstücher, Silberketten und geflochtene Armbänder. Blickte ich in den Spiegel, sah ich nun ein zierliches Hippiemädchen mit ernsthaften Augen und perfekten Zahnreihen. Seit ich mich nicht mehr selbst verletzte, beschenkte ich mich mit unzähligen Piercings, eines davon glitzerte in meinem Nasenflügel. Ich schminkte mich nie, und mit zunehmendem Alter wurde meine mit Sommersprossen gesprenkelte Haut beinahe so hell wie diejenige der meisten anderen Menschen, die ich kannte. Optisch war ich meiner Mutter ebenso unähnlich wie meinem Vater, und manche Männer nannten mich nun hübsch.

Bereits in der Kulturfabrik verliebte ich mich beinahe wahllos in verschiedene Jungen, und nach dem ersten Kuss dachte ich allen Ernstes, Jack und Thomas, Jonas und Patrick, Ismail und Leo wollten mich retten, für immer für mich sorgen, mich nie mehr allein lassen und mir ein ewiges Glück schenken. Mein Manko an männlicher Liebe – das ich heute mit der schockartigen Trennung von meinem Vater in Verbindung bringe – führte zu unrealistischen, romantischen Ansprüchen und zu unguten Situationen. Wenn ich das Alleinsein mit der Verliebtheit bekämpfte, erwies sich mein Urteilsvermögen als eingeschränkt. Ich riss Zuneigung und Aufmerksamkeit an mich, erhielt nie genug von beidem, ließ mir einiges gefallen, denn Einsamkeit und innere Leere erfassten mich erneut, sobald ein flüchtiges Abenteuer zerbrach. Bereits als Jugendliche hatte ich gelernt, die menschlichen Gefühle zu decodieren und wusste längst, dass man auf Tränen mit Mitgefühl reagiert, sich Freude und Zufriedenheit nicht mit frenetischem Gebrüll, sondern mit einer Umarmung oder einen Lächeln ausdrücken können. Doch mein Konzept von der Liebe blieb lange Zeit theoretischer Natur: Zwar hatten mir Vater und Oma bei meinen wiederkehrenden zweitägigen Besuchen Geborgenheit und Zuneigung vermittelt, meine Gefühlswelt blieb jedoch – auch aufgrund der zwiespältigen Emotionen, die mein Inneres in Bezug auf das Erlebte noch immer vergifteten – rastlos und extrem.

175

Erst nach vielen Dramen begriff ich, dass weder das Glück noch das Unglück maßlos sein sollten, will man den zwanzigsten Geburtstag überleben, und später lernte ich die feinen Zwischentöne von Emotionen kennen, die zu jenen Menschen gehörten, die auch im Umgang mit mir differenziert und angemessen funktionierten. Mein Innenleben, das war mein Eindruck, wurde in dieser Zeit ausgeglichener. Ich reagierte nicht mehr nur auf extreme Erlebnisse, sondern auch auf jene feinen Begebenheiten, die mir die Komplexität meiner Gefühlswelt eröffneten.

Ein Märchenprinz trug zu dieser Bereicherung bei: Er wurde als Notfallpatient in unserer Praxis behandelt. Er saß im Zahnarztstuhl. Ich trug Kittel und Mundschutz. Flüchtig trafen sich unsere Augen, und als wir uns nach einem zufälligen Treffen und weiteren Verabredungen zum ersten Mal küssten, sagte Rafael, es sei Liebe auf den ersten Blick gewesen. Er war klug, ruhig, sah gut aus: Ein klassischer Typ, der die modischen Insignien verschiedener Jugendkulturen längst hinter sich gelassen hatte und, anders als die Hip-Hop-Jungen meiner Kindheit oder auch die feinen Pinkel der Oberstufe, authentische Selbstsicherheit ausstrahlte. Fünf Jahre älter als ich und bereits mit einer abgeschlossenen Ausbildung in der Tasche, lebte er in einer eigenen Wohnung, war finanziell selbständig und menschlich auf der Höhe. Ich erzählte ihm alles aus meinen frühen Schicksalsjahren. Eines Tages – wir liefen Arm in Arm durch die Altstadt – torkelte uns Mutter aus einem Hauseingang entgegen. Sie erkannte mich im ersten Moment nicht. Zwei Sekunden später fiel sie mir kreischend um den Hals. Rafael begriff sofort. Er reagierte ohne Mitleid und ohne Hochmut, mitfühlend.

Wir wurden unzertrennlich. Unseren häuslichen, beinahe idyllischen Alltag liebte ich mehr als alles andere. Wir träumten und lachten, und ein riesiges Puzzle, das wir in stundenlanger Arbeit schweigend und in großer Eintracht zu einem wahrhaftigen Bild zusammenfügten, zeigte flatternde Schmetterlinge, fliegende Raben und Elfen, die über taunasse Blütenblätter sprangen. Rafael half mir beim Ausleben und Bändigen meiner Gefühle, die er stets in Zusammenhang mit den jeweiligen Umständen brachte. Ich lernte verschiedenste Situationen einzuschätzen, wusste bald, welches Verhalten richtig und wichtig ist, um meine gesellschaftliche Akzeptanz zu verstärken, und bei welchen Gelegenheiten ich mich nicht verstellen musste. Er verstand, wenn der bloße Geruch mancher Lebensmittel einen Brechreiz auslöste. Wenn ich nach anstrengenden Tagen in der Praxis nach Hause zurückkehrte, bereitete er mir meine Lieblingsmahlzeit zu. Schlief ich vorzeitig auf dem Sofa ein, zog er mir eine Wolldecke über die Schultern. Er schenkte mir ein Fantasy-Videospiel, das ich mir gewünscht hatte, und eine glitzernde Porzellanfigur mit durchscheinenden Flügeln für meine Feen-Sammlung.

Obwohl ich in größeren Runden längst sozial kompatibel war und als furchtlose Diskussionspartnerin galt, hielt er mich umschlungen, wenn ich aufgrund kleinster Differenzen mit ihm weinte, meine Standpunkte nicht äußern und verteidigen konnte, und später ermunterte er mich, Widerspruch und Meinungen ohne Angst zu formulieren. Nach seiner Nähe, seinem Verständnis und der Geborgenheit, die er mir vermittelte, wurde ich süchtig. Nur etwas verstand er nicht: meinen Kinderwunsch. Dass er mich wirklich liebte, zeigte sich in meinem damaligen Verständnis darin, dass er weiterhin zu mir hielt, als ich nicht mehr mit ihm schlafen wollte, mich körperlich zurückzog, ihn wegstieß.

Auch im Lehrbetrieb dräuten dunkle Wolken: Mein Chef machte mir und meiner Kollegin wiederholt Avancen, und während die Zurückweisung der anderen ihre Wirkung nicht verfehlten, drängte er sich weiterhin an mich, umarmte mich fordernd, wenn ich mit dem Sterilisieren von Instrumenten oder dem Auswerten der Röntgenaufnahmen beschäftigt war. Meine dezidierten Äußerungen ignorierend, fuhr er mit diesen Belästigungen fort, die keine gewalttätigen Übergriffe darstellten, mich aber dennoch mit Hass erfüllten: Hass auf meine Schutzlosigkeit. Dieser Angriff auf mein Selbstwertgefühl beelendete mich ebenso wie die Vermutung, dass manche Menschen meine Versehrtheit immer erahnen werden, das sozial angepasste Auftreten und andere hart erarbeiteten Erfolge als unwichtige Oberflächenkorrekturen enttarnen und mich aus diesem Grund – ähnlich wie im Tierreich, wenn kranke oder verletzte Mitglieder im eigenen Rudel getötet werden – attackieren werden. Weil sie mich für schwach halten.

Jeden Morgen hielt mich nun Rafael im Bett liegend eine halbe Stunde in seinen Armen, während dunkle Energien mich daran hindern wollten, den Tag in Angriff zu nehmen. Ich zwang mich, harrte aus, wäre lieber gestorben, als die Ausbildung abzubrechen. Es vergingen Monate, bis ich Rafael meinen eigenen Kummer mitteilen konnte. Er tat, wofür mir der Mut und die Hoffnung fehlten. Er wurde bei der Lehrlingskommission vorstellig und bearbeitete die zuständigen Stellen so lange, bis die Verantwortlichen meinen Chef zur Rede stellten. Dieser bestritt die Vorwürfe beim Gespräch mit der Lehrlingskommission vehement und demütigte mich bei dieser Gelegenheit wiederholt vor versammelter Runde, indem er meine Leistungen, die er bisher stets gelobt hatte, infrage stellte.

Ich wechselte die Lehrstelle, doch meinen schnell schwindenden Kräften machtlos und verzweifelt gegenüberstehend, suchte ich in dieser Situation Hilfe bei einem Psychologen, der mir eine Psychotherapie empfahl. Eine Lösung meiner Probleme, die mit der schwierigen Vergangenheit in Verbindung gebracht wurden, brachten die langen Gespräche nicht: Als Achtzehnjähriger fehlte es mir nicht unbedingt an Introspektion, jedoch an Stunden, Tagen und Wochen, um mich in einem jahrlangen Prozedere erneut und vertieft damit zu befassen, was ich vor nicht allzu langer Zeit erlebt hatte und hinter mir glauben wollte. Ich hätte malen, singen und meine Gedanken zu Papier bringen wollen, denn in diesen Aktivitäten erkannte ich eine heilende Wirkung. Die damit verbundene Ruhe tat mir gut, sie entsprach einem starken Bedürfnis, jedoch fehlte es mir im anstrengenden Berufsalltag an Zeit und Muße für solche Tätigkeiten. Medikamente sollten mich einsatzfähig machen – sie lösten schwere Nebenwirkungen aus, und bald verlor ich erneut stark an Gewicht, worauf ein beginnendes Magengeschwür diagnostiziert wurde. »Nicht so werden wie Mutter.« Dieser zwanghafte Satz durchkreuzte meine Gedanken nun hundertmal am Tag. Er trieb mich weiter und zu einer Leistung an, die unter anderen Umständen unmöglich gewesen wäre. Die Abschlussprüfung bestand ich mit einer Glanznote von 5,1.

Dass ich mich mit Rafaels Mithilfe für meine Rechte gewehrt hatte, führte zu weiteren negativen Konsequenzen: Nicht der Name meines ehemaligen Chefs, sondern mein Name landete auf der schwarzen Liste des kantonalen Verbandes. Obwohl zu dieser Zeit ein Mangel an diplomierten Dentalassistentinnen herrschte, ich ein einwandfreies Zeugnis vorweisen konnte, blieben fünfzig Bewerbungen erfolglos: Zerrissen, zerknüllt oder mit roter Farbe bekleckert, wurden sie mir kommentarlos retourniert. Einen Absturz mochte ich weder meinem ehemaligen Lehrmeister noch den Mitgliedern seiner Seilschaft gönnen. Ich gab nicht auf, schrieb weiterhin Bewerbungen, verbrachte die erzwungene mehrmonatige Arbeitslosigkeit jedoch auch feiernd; den Exzess nahm ich noch immer als Notfallprogramm, frönte ihm jedoch fortan weitgehend nüchtern. Rafael tolerierte meine wochenlange Abwesenheit, die ich mehrheitlich bei Woodstock-ähnlichen Happenings mit Gleichgesinnten in der damaligen Goa-Hochburg Lichtensteig, einem kleinen Dorf im Toggenburg, verbrachte.

Das Stigma einer Arbeitslosen, die dem Staat auf der Tasche liegt, lastete zunehmend schwer auf mir. Da ich die Schweiz bis auf die seltenen Ausflüge ins Nachbarland noch nie verlassen hatte, plante ich meinen Wegzug: Ich wollte einen sechsmonatigen Sprachaufenthalt in Belgien absolvieren, um dort später vielleicht sogar Arbeit zu finden; doch diesem Anliegen widersetzte sich Rafael vehement, ebenso, wie er eine Vaterschaft nun grundsätzlich ablehnte. Damals verübelte ich ihm die Weigerung, mich glücklich zu machen, indem er mir zwei Herzenswünsche abschlug, und bald erinnerte ich mich mit Schrecken an das Dasein meiner Pflegemutter. Die Vorstellung, ohne Kinder ein solches Hausfrauendasein führen zu müssen, beelendete mich, und wenig später trennten sich die Wege von Rafael und mir.

Schließlich fand ich eine Arbeitsstelle in einem anderen Kanton und entwickelte mich innert kürzester Zeit zum Work-

aholic: Nach zwölfstündigen Arbeitstagen und langen Zug-
fahrten fiel ich erschöpft ins Bett, und aufgrund häufiger Not-
fallschichten und Wochenendeinsätze, die ich übernahm, ging
ich Stunden später erneut aus dem Haus. Freizeit wurde zu
einem Fremdwort, die Liebe schien unmöglich. Erinnerte
mich das kleinste Detail an die schreckliche Vergangenheit und
an das durch Mutter verteufelte Männerbild, brachte ich den
Menschen an meiner Seite unweigerlich mit diesen Gescheh-
nissen in Verbindung, und das Ende der Beziehung war nur
noch eine Frage der Zeit. Da sich mein Wunsch, in abseh-
barer Zukunft Mutter zu werden, nicht zu erfüllen schien,
träumte ich nun von einer Matura auf dem zweiten Bildungs-
weg und einer steilen Karriere, die mir Ruhm und Geld bringen würde.

Hochgelobt und geschätzt, wurde ich zu einer unverzicht-
baren Mitarbeiterin. Noch wichtiger als die Wertschätzung
meiner Chefin und meiner Kollegen war die Bestätigung meiner eigenen hohen Ansprüche: Willensstärke, Kraft und Disziplin stellte ich nun tagtäglich unter Beweis, und auf dem besten Weg, meine hochfliegenden Ziele auch zu erreichen, spürte
ich weder Erschöpfung noch die sich anbahnende Unruhe in
meinem Innern. Mir ging es blendend, wie ich Großmutter
am Telefon immer wieder versicherte, und am glücklichsten
machte mich Vaters Stolz, der meinen Weg als Entschädigung
sah, als Genugtuung, nicht alles falsch gemacht zu haben, wie
er mich wissen ließ. Ohne Bezug zu meinen physischen oder
psychischen Grenzen ahnte ich nicht, dass ein Zustand, den
ich als kraftvoll wahrnahm, bereits eine Krise andeutete, die
jederzeit oder erst in vielen Jahren durch eine Katastrophe oder
einen Windstoß ausgelöst werden konnte.

In den folgenden Jahren bildete ich mich weiter, erlernte neue Berufe, stürzte mich in tausend neue Erfahrungen. Dass eine problematische Kindheit nicht allein mit dem Willen, mit der Zielstrebigkeit und dem Ehrgeiz bewältigt werden kann, die Zukunft von der Vergangenheit überschattet bleibt und ein solches Leben ein höheres Risiko birgt, konfliktgeladen zu bleiben, erlebte ich am eigenen Leib. Nicht nur manche Defizite erwiesen sich als dauerhafte Herausforderungen, auch die Themen Krankheit und Tod blieben Bestandteile meiner Existenz. 2007 starb mein Exfreund Dorian während eines Hausbrandes, und wenig später erfuhr ich vom Tod meiner Freundin Stella. In beiden Fällen machte ich mir schwere Vorwürfe. Im Fall von Dorian, weil ich nach einem heftigen Streit den Kontakt abgebrochen hatte, im Fall von Stella, weil ich mich nicht um sie gekümmert hatte, als sie in großer Not war. Die Worte der Pflegeeltern, mein Leben werde unaufhaltsam einem bösen Plan folgen, weil ich eine minderwertige und gottlose Person geblieben sei, trieben mich erneut an den Rand der Verzweiflung, da dieser Prophezeiung eine gewisse Richtigkeit offensichtlich nicht abzusprechen war. Ich wollte nicht mehr atmen, nie mehr aufstehen, nie mehr lachen. Nichts konnte jemals wieder so sein wie damals, als Stella und ich über den verregneten Gehsteig tanzten und einander versprachen, immer füreinander da zu sein. In meiner Not rief ich Mutter an. Sie erkannte meine Stimme nicht, verwechselte meinen Namen, sprach allein von ihren Problemen.

Monate später erfuhr ich vom Sterben meiner ersten Liebe: Simon. In den Zeitungen beschrieb man ihn als Drogenkonsumenten und Kleinkriminellen, dem die Verantwortlichen der Strafanstalt Pöschwies eine Lehre erteilen wollten, als sie ihn in der Zelle eines notorischen Sexualstraftäters unterbrachten. Tage später lag Simon vergewaltigt und mit gebrochenem Zungenbein unter dessen Pritsche. Dass drei Freunde tot waren und Simon qualvoll sterben musste, weil die Bösartigkeit mancher Menschen grenzenlos ist, versetzte mich in abgrundtiefe Trauer. Ich konnte das Haus wochenlang nicht verlassen, war zur verhassten Untätigkeit verdammt, und tausend Gedanken ließen sich nicht mehr verdrängen, nicht einordnen, nicht bändigen. Sie verknoteten sich zu einem unsinnigen Gebilde, zu einer erstickenden Last, der ich nicht mehr gewachsen zu sein glaubte.

Nicht um mich mehr zu quälen, als ich aushalten könnte, sondern um jene Menschen zu finden, die mir vor langer Zeit Trost und Kraft vermittelt hatten, begann ich in dieser Phase Nachforschungen zu meinen ehemaligen Freunden aus der Clique anzustellen. Über Social Media wurde ich fündig. Wenn sich die Nacht über eine sinnlose Existenz legte, die allein durch unheimliche Fressattacken genährt wurde, verließ ich das Bett, setzte mich vor die einzige Lichtquelle im Raum, den erleuchteten Bildschirm, und erfuhr Schreckliches und Schönes zugleich: Priscilla, die im Häuschen mit den hübschen Vorhängen gelebt hatte, in einer Idylle, die verbergen sollte, was der verwilderte Garten andeutete und sich hinter verschlossenen Türen abspielte, wurde ein Jahr nach meinem Wegzug von der Mutter verlassen und lebte fortan unter der Obhut ihres drogenabhängigen Vaters. Als Sechzehnjährige wurde sie in einen schweren Autounfall verwickelt und war seither süchtig. Janis, die von ihrer Mutter Savi immerhin mit Schokoladenbroten versorgt worden war, platzierte die Vormundschaftsbehörde um. Sie flüchtete zu Savi zurück, worauf sich die beiden ins Ausland absetzten, später kam das Mädchen in ein Kinderheim. Erwachsen geworden, bestritt Janis einige Jahre lang den Alltag mit ihrer Junkie-Mutter, die in der Zwischenzeit verstarb. Janis wurde jung Mutter eines Sohnes: Otis sei ihr ganzes Glück, mit ihm erlebe sie die Kindheit erneut, doch diesmal beschützt und friedvoll, schrieb sie mir. Kürzlich trennte sie sich von ihrem kokainsüchtigen Partner. Meine ehemalige Freundin Lola lebt heute mit ihrem Mann und vielen Tieren auf dem Land. Wie viele andere aus dem ehemaligen Freundeskreis absolvierte sie keine Ausbildung und arbeitet als Putzfrau im Stundenlohn. Sie postete ein Bild. Sie sieht gut aus, schminkt sich noch immer wie ein Ghetto-Girl und schrieb, ihr Freund habe ihr geholfen, sich von der damaligen Clique zu trennen, die unter dem Einfluss harter Drogen auseinandergebrochen sei.

Nicht nur Simon starb. Andere stürzten ab. Verzweifelt hielten sie aneinander fest, sich hassend und wissend jetzt, dass sie alles verloren hatten. Die Spuren von Kiran, Kim, Gregor und Samira bleiben verwischt, niemand weiß, was aus ihnen wurde. Nach langer Suche machte ich Carmen ausfindig, die mich einst so großzügig mit Konservendosen und eingelegten Sardellen aus der häuslichen Vorratskammer versorgt hatte und die von der Clique als einziges Villen-Mädchen akzeptiert worden war. Die Fürsorge ihrer Eltern konnte sie nicht schützen. Als Teenager verliebte sie sich in einen der gewalttätigsten Jungen unserer Gang. Heute schlägt er Carmen. Kürzlich haben sie sich verlobt.

Die erstaunlichste Geschichte betraf diejenige der kleinen Sabrina aus dem Drogenhaus. Wie oft dachte ich in den vergangenen Jahren an sie? Bestimmt tausendmal. Ich sah die Sanftmut ihrer Bewegungen, ihr Lächeln bei unserem Abschied. Ich versuchte mir vorzustellen, wie sie größer wurde, eine junge Frau mit langem pechschwarzem Haar und wissendem Blick, vielleicht so klein gewachsen und schmächtig wie ich? Die Traumbilder blieben verschwommen und wurden von den Zuständen im Sternenbühl überlagert: dem Gestank, dem Elend, der Gewalt, unserem Hunger. Es schien mir unvorstellbar, dass sie die dortigen Verhältnisse überlebt hatte. In einer schlaflosen Nacht erfuhr ich nun, wie es Sabrina ergangen war: Ein Jahr nach meinem Wegzug wurde das Haus polizeilich geräumt. Männer in Schutzanzügen und Gasmasken vor den Gesichtern pflügten sich durch Unrat, Spritzenmüll und Dreck und machten im obersten Stock eine zufällige Entdeckung: Ein zehnjähriges Mädchen saß, ein Lied summend, in seinem Zimmer. Die Mutter konnte nicht ausfindig gemacht werden, und wie es der schwerabhängige Vater schaffte, dass seine Tochter nicht in eine sofortige Schutzmaßnahme gelangte, ist nicht überliefert. Jedoch, dass sich Pavel zusammen mit Sabrina in die italienische Schweiz absetzte, sich auf einem einsam gelegenen Bauernhof niederließ und diesen – allen Versuchungen aus dem Weg gehend – zwei Jahre lang nur in Notfällen verließ.

Nicht für sich, sondern um seine Tochter zu retten und vor weiterem Unglück zu bewahren, unterzog er sein Leben einem radikalen Wandel, machte einen Entzug, schaffte die jahrelange Abstinenz, soll heute jedoch erneut dem Heroin verfallen sein. Ich erfuhr von der Wende ihrer Existenz und von einer abgeschlossenen Berufslehre, einer langjährigen Beziehung, einem neugeborenen Baby und einem geregelten Alltag, den sie einem übergroß bleibenden Bedürfnis nach Ruhe unterordne. Ich weinte lange. Glücklich, dass es meiner Freundin gut ergangen war. Und ebenso unglücklich, meiner Mutter zu keinem Zeitpunkt jemals das Wichtigste gewesen zu sein.

Nachdem ich erfahren hatte, dass Sabrina in einem guten Leben verankert ist, ging es mir besser, und ich erahnte den Sinn einer Krise, die ich bis anhin bekämpft und als Zeichen meiner Schwäche gesehen hatte. Was im bisherigen Strudel eines ablenkenden Aktivismus unmöglich blieb, ermöglichte die erzwungene Ruhe und Stille. Ohne Zwang, das Schreckliche ungeschehen machen zu wollen, und akzeptierend, dass nicht alle Defizite korrigiert werden müssen, ließ ich meine Kindheit erstmals ohne inneren Sturm Revue passieren, und plötzlich spürte ich das kühle Metall der Kletterstange an Beinen und Händen, blickte schnaufend über den Pausenplatz. Ich war siebenjährig und wollte den Übergriffen in der Schule, dem Horror zu Hause ein Ende bereiten und erkannte, dass mit einem Sprung aus dieser Höhe eher schmerzhafte Knochenbrüche als der schnelle Tod verbunden sein würden. Zwei Tage später setzte ich einen neuen Plan in die Tat um. Im Schwimmunterricht wurde der Boden des Beckens nach einer halben Stunde gesenkt, und jene die – so wie ich – mit aufblasbaren Armringen im Nass planschten, mussten das tiefer werdende Wasser in diesem Moment sofort verlassen. Doch an diesem Nachmittag streifte ich die Schwimmhilfe blitzschnell ab, stieß mich vom Beckenrand aus kraftvoll in die Mitte des Bassins ab und ging sofort unter: Über mir erschien ein transparenter Himmel aus brüchigem Glas. In der Tiefe wartete ein sorgenfreies Paradies mit fliegenden Feen und Glitzerpferden, die mich in einem Nebel aus tausend Luftblasen und zum Klang feiner Spieldosenmusik in Empfang nehmen würden, um mit mir in ein sorgenfreies Dasein zu entfliehen.

Dummerweise beobachtete mich eine geübte Schwimmerin, die sich in die Fluten stürzte, mich an die Wasseroberfläche katapultierte und mit einem gekonnten Rettungsgriff an Land zurückbeförderte. In Panik und Wasser schluckend, hatte mich bereits in der stillen Tiefe eine gewaltige Energie ergriffen. Der Wille, leben zu wollen, unterschied mich mehr als alles andere von meiner Mutter. Musste ich ihn aus diesem Grund bei so vielen Gelegenheiten unter Beweis stellen? Vielleicht öfter als andere befand ich mich als Kind und Jugendliche in ausweglos erscheinenden Situationen, in denen sich die Frage nach dem Leben- oder Sterbenwollen neu stellte. Unbewusst verleitete mich die frühe Erfahrung stets zu einem Kopfsprung ins Wasser und dem Zurückschwimmen an Land. Im Strampeln und Kämpfen wird der Unglückliche mit seinen Schwächen, aber auch mit seinen verborgenen Stärken konfrontiert. Im Unglück, das weiß ich heute, liegt auch das Vermögen, missliche Umstände zu ertragen, zu bewältigen und irgendwann hinter sich zu lassen.

# »Music Star«

Diese Einsicht riss mich ins Leben zurück, jedoch auch der Besuch eines guten Freundes, der mich barsch anwies, nicht im Selbstmitleid zu versinken und das Singen nicht zu vergessen. Inzwischen war ich ein Riesenfan des deutschen Rappers Sido, den ich geradezu vergötterte, weil ich in seinen Texten mein eigenes Lebensgefühl bestätigt fand. Steven, der sich bei früheren Gelegenheiten positiv zu meiner Stimme geäußert hatte, verband sein Lob stets mit der Forderung, ich müsse auf die Bühne treten und mein Talent mit einer Teilnahme an der Schweizer Talentshow »Music Star« unter Beweis stellen. Dies lehnte ich ab, weil es bedeutet hätte, dass ich meine Stimme als wettbewerbsfähig einstufte, was ich schlicht übertrieben fand. Dennoch ertappte ich mich verschiedentlich bei Tagträumen, die sich um die Musikshow, die Fachjury und ein riesiges Fernsehpublikum drehten. Steven wusste von meinen zwiespältigen Gefühlen und meiner aktuellen Krise. Nun zückte er ein Konzertticket und händigte mir dieses erst aus, als ich in eine Wette einschlug, die mir unerfüllbar erschien: Wenn ich es schaffe, nach dem Auftritt Bekanntschaft mit Sido zu machen, erledige er die mir offensichtlich unangenehme Aufgabe und melde mich eigenhändig bei der Talentshow an. Nach langer Zeit verließ ich das Haus erstmals wieder, erlebte ein fantastisches Konzert, und durch mehrere unglaubliche

Zufälle fand ich mich nach Mitternacht, einen Jägermeister trinkend, an der Seite meines Idols wieder.

Am nächsten Morgen klingelte mein Handy. Steven ließ mich wissen, er habe die Anmeldung abgeschickt. Zwei nervöse Wochen später erfuhr ich, dass ich zum Casting nach Bern anreisen dürfe. Ungläubig las ich das Schreiben wieder und wieder. Mein Glück wurde durch den Umstand getrübt, dass ich auf dreitausend Konkurrenten treffen würde sowie auf eine Jury, die sich aus verschiedenen prominenten Zeitgenossen des Schweizer Showbusiness zusammensetzte. Fest entschlossen, diese unglaubliche Chance nicht zu vermasseln, trug ich einen tausendmal eingeübten Gospel-Song vor, und nach dem Recall schwebte ich im siebten Himmel, geriet in ein richtiggehendes Hoch, versuchte, nicht völlig abzuheben. Nun sang ich täglich stundenlang: auf der Straße und im Park, zu Hause und während der Arbeitspausen.

Am großen Tag traf ich auf die verbliebenen zweihundert Mitkonkurrenten. Talentierte Goldkehlchen übten ihre glockenhellen Stimmen ein, und hinter den Kulissen weinten jene, die bereits ausgeschieden waren. Die meisten trugen ihre schönsten Kleider, die Mädchen auch hochhackige Schuhe und Haarmähnen, die sich wie flüssiges Platin über ihre Schultern ergossen. Mit meinen Klamotten, den Rastalocken und Piercings passte ich nicht ins allgemeine Bild, trat sehr nervös auf die Bühne und trug einen Song vor, der zu meiner Soulstimme passte: »Rehab« von Amy Winehouse. Krank und mit ramponierten Stimmbändern, befand ich meine Leistung für ungenügend. Dass ich es dennoch schaffte, zu den zwölf Auserwählten zu gehören, die sich für die Show qualifizierten, erkannte ich auch als Resultat meiner Andersartigkeit. Was mich bisher oft ausgrenzte, nahm ein guter und offenbar verzeihender Gott nun als Grund, um mir ein großes Geschenk zu machen.

Das imposante »Music Star«-Haus – es wurde in den kommenden Monaten zu meinem Zuhause – stand auf einem grünen Hügel mitten in Zürich. Unzählige Kameraleute, Fotografen und Neugierige begleiteten unseren Einzug. Dass mich kein Prinz über den roten Teppich führte, erfüllte mich mit Stolz. Den Einzug in ein Schloss – mein Mädchentraum – hatte ich mir ohne Mann, aus eigener Kraft erkämpft. Unzählige Interviews, Fotoshootings und TV-Auftritte fanden bereits im Vorfeld der Sendung statt und sorgten dafür, dass ich und meine Kollegen schweizweit bekannt wurden. Bereits bei der Vertragsunterzeichnung wurde ich gefragt, ob mein Leben Geheimnisse berge, denen neugierige Journalisten auf die Spur kommen könnten. Ich antwortete: »Mama.« Durch die Straßen laufend, eine zerknitterte Fotografie von mir herumreichend, hatte sie mich in den vergangenen Jahren unzählige Male gesucht und wurde auf ihren Streifzügen auch fündig. Diese Zusammentreffen berührten mich jeweils unangenehm. Die unausgesprochene Frage der Umstehenden, um wen es sich bei dieser Gestalt handeln könnte, beantwortete Mutter stets ungefragt. Indem sie mich mit übertriebenem Lob überschüttend als ihre »geliebte Tochter« bezeichnete, was mich am meisten ärgerte, darauf beharrte, dass diese »erfolgreiche und hübsche Person« ihr alleiniges Verdienst sei. Da zu befürchten war, dass die entfesselte und unberechenbare Sandrine – falls sie von meiner »Music Star«-Teilnahme erfuhr – sofort anreisen und Einlass zu den Aufzeichnungsorten begehren würde, ging es nun darum, Mutter vor den Augen der Öffentlichkeit zu schützen und ihr somit einen allfälligen Zutritt zu verweigern. Die Sorge war umsonst. Monate später sah ich sie wieder und erzählte ihr von meinem Erfolg. Sie hatte mein Bild zwar in verschiedenen Illustrierten und in der Boulevardpresse gesehen, jedoch nicht realisiert, dass ein Auftritt in der gleichen Stadt stattfand, in der sie lebte.

Meine Kindheit und Jugend noch immer als Makel empfindend, sprach ich nur selten über die Vergangenheit, und falls doch, reagierten die meisten erstaunt: Längst wusste ich mich in verschiedenen Milieus zu bewegen, war fleißig, fröhlich und in meinem Verhalten angepasst und ging bei den meisten Menschen als normale junge Frau durch. Mein Image als »süßes Hippiemädchen« hielt man im Rahmen von »Music Star« vermutlich für einen Marketing-Gag, und das »Goa-Girl« fanden insbesondere die Presseleute toll. Sie verbanden damit einen jugendlichen Nonkonformismus, ein unbeschwertes modisches Statement, das ich entsprechend untermauerte, indem von einem unbeschwerten Lebensgefühl sprach, von Freiluftpartys, Indien, Religionen, Janis Joplin und Jim Morrison. Von meinen frühen Schicksalsjahren bekam das Publikum nichts mit: Auf einen Bonus in Form von Mitleid wollte ich unbedingt verzichten.

Die Auftritte wurden live aus verschiedenen Lokalitäten gesendet, die Lieder und unsere Darbietungen jeweils in einer siebentägigen Vorbereitungszeit professionell eingeübt. Innert Wochenfrist kamen die Kandidaten mit Choreografen, Gesangslehrern, Musikern, Produzenten, DJs, den Verantwortlichen verschiedener Plattenlabels, Kameraleuten, Journalisten und Fotografen in Kontakt und lernten das komplexe Showbiz auf dem abgekürzten Weg kennen. Die intensivsten Momente erlebte ich kurz vor den Auftritten, wenn Aufregung, Schweiß und Energie in der Luft lagen, Dutzende von Helfern Kabelrollen schleppten, Bühnendekorationen montierten, das Soundsystem kontrollierten und am Schluss die gigantische Lichtshow in Betrieb nahmen. Wenn Beleuchter und Tontechniker letzte Anweisungen gaben, der Saal sich summend bis auf den letzten Platz mit Menschen füllte, unter ihnen auch Papa und meine Kollegen, die eine begeisterte und stolze Fangemeinschaft bildeten, ergriff mich prickelnde Vorfreude. Wie oft stand ich als Kind und Jugendliche mit Vater und tausend anderen Besuchern in Stadien und Konzerthallen, den Blick der Bühne zugewandt, jene Interpreten herbeiwünschend, die meine Träume und Sehnsüchte in Worte zu fassen wussten, die mir Trost spendeten und Kraft vermittelten, um weiterzumachen? Nun durfte ich diese Aufgabe erfüllen und war fest entschlossen, die Erwartungen nicht zu enttäuschen. Gleichzeitig erfüllte mich Stolz, geschafft zu haben, was sich meine ehemaligen Kindheitsfreunde und ich so sehnlich gewünscht hatten: sich eine Stimme verschaffen. Auf die Bühne treten. Zeigen, dass man aus der Gosse stammen kann und nicht für immer schwach bleiben muss.

Die letzten Augenblicke vor dem Auftritt blieben als Bildsequenzen in Erinnerung. Jemand tupfte Lipgloss auf meine Lippen, fuhr mit einer Puderquaste über mein Gesicht, zupfte die gebügelten Hippiekleider zurecht, und andere wünschten mir flüsternd Glück. Während der TV-Jingle ablief, mein Herz stolperte und der Puls raste, zählte die Produktionsassistentin die Zeit mit erhobenen Fingern rückwärts ab, und eine Hand stieß mich sanft nach vorn. Ich lief in die Dunkelheit, wurde in gleißendes Licht getaucht, und alle Kameras auf mich gerichtet, erklangen aus riesigen Lautsprechern die erste Takte meines Songs. Eine Welle der Zuneigung riss mich in den Saal hinein, und ich sang. Ich sang für Vater, für meine Kollegen aus der ehemaligen Clique und für all jene, die mich nicht retten wollten. Und im Wissen, dass mich Hunderttausende Fernsehzuschauer anblickten, mir zuhörten, mich vielleicht lieben und bewundern würden, spülte mich in den folgenden Wochen eine nie da gewesene Zuversicht von einer Runde in die nächste. Ich war glücklich.

Zum ersten Mal in meinem Leben gehörte ich zu den Erfolgreichen, zu den Privilegierten. Auf der Straße erkannten mich wildfremde Leute. Ich sah es in ihren Blicken, die interessiert und wohlwollend auf mir ruhten. Manche sprachen mich an, fanden mein Anderssein toll, umarmten mich spontan, wollten ein Autogramm, schenkten mir Plüschtiere. Innert weniger Tage verbuchte mein Facebook-Konto Hunderte von Neuzugängen. Alle meine Freunde und Kollegen aus der Goa-Szene unterstützten mich, Papa ließ T-Shirts drucken, sogar meine wohlhabende Tante meldete sich in unser Leben zurück. Das Glück trug mich durch eine unvergessliche Zeit, die sich nach zehn Wochen dem Ende zuneigte. Ich erinnere mich an den Abend meiner Abwahl. Als würde ein Lichtschalter umgelegt, kam das prickelnde Leben zum Erliegen, und in völliger Dunkelheit lag das Schloss vor mir, in das ich nun allein zurückkehrte, um meine Reisetasche zu packen.

Bald riefen keine Produzenten mehr an, niemand umarmte mich mehr auf offener Straße. Die Scheinwerfer erloschen schnell. Doch kehrte ich gestärkt und im Wissen in den Alltag zurück, es weit gebracht zu haben, und in einem anderen Bereich sah ich nun klarer: Ich wusste, dass der glitzernde Kosmos des Showbiz nicht dauerhaft meine Welt ist, ich in kleinerem Rahmen aber weiterhin auftreten möchte. So wie ich bin. Mit eigenen Songs, die von meiner Wahrheit erzählen, meine Kraft zum Ausdruck bringen und mir irgendwann das Verzeihen ermöglichen werden.

# Gutes Leben

Seither sind vier Jahre vergangen. Mein Leben blieb unruhig, mit vielen Jobwechseln, unzähligen Umzügen, privaten Plänen, Erfolgen und Misserfolgen verbunden, und wann immer mich die Zufriedenheit in Form einer anspruchsvollen Stelle, in Form einer ernsthaften Verliebtheit hätte finden können, war meine Flucht eine Frage der Zeit. Nach meiner Rückkehr in den anonymen Alltag hielt ich an meinen ursprünglichen Vorstellungen von einem gelungenen Leben fest. So albern es klingen mag, aber die in der TV-Werbung gezeigten Idyllen hielt ich bis vor kurzem für eine Realität, die mit Fleiß und Pflichterfüllung zu erreichen ist: harmonische Familien, mit leichter Hand zubereitete und stets gelungene Mahlzeiten, staubfreie Wohnungen, geruchsfreie Schuhe und Menschen, die zufrieden sind, Geld verdienen, ihr Leben im Griff haben, tolerant sind, einander lieben und einander nicht im Stich lassen, geschätzt von Nachbarn, Arbeitskollegen und Freunden, die allesamt ein ähnlich erfolgreiches und gutes Leben führen, das ihnen erlaubt, mit einem neuen Auto – das Innere riecht nach Sauberkeit und Ordnung – in die Ferien ans Meer zu reisen oder ins Disneyland. All das wollte ich auch, so verzweifelt und so sehr, dass ich mich zur Strafe schließlich monatelang mit jenen Details befassen musste, die diese Lebenswelten offenbar ganz leicht ins Wanken bringen: Wenn der Raumerfrischungsspray nach Pfirsich und nicht nach Lavendel roch, wenn die Fertigmahlzeit nur noch zehn anstatt elf Tage zu verzehren war, wenn im Rosentopf sechs anstelle von acht Knospen blühten, wurde ich, die Call-Center-Mitarbeiterin, zur Zielscheibe von Hass und Wut derjenigen, die ich für perfekter hielt als mich selbst.

Dennoch hing ich weiter an meinen Illusionen, verband mit dem krampfhaften Versuch ihrer Erfüllung das an mich gemachte Versprechen, niemals so zu werden wie Mutter. Dem Streben nach unrealistischen Lebensentwürfen folgten Krisen, die mich in immer kürzeren Intervallen zu Fall brachten, worauf die nächste Phase meist orientierungslos und chaotisch verlief. Befreit geglaubt von allem, was mir Mutter auferlegt hatte, blieb ich im Bann der Vergangenheit gefangen. Die Verzweiflung darüber, dass sie mich nie freigeben wird, so wie sie mir das Bessersein nie zugestand, erkannte ich erst spät als meine eigene Unfähigkeit, das Erlebte und meine Schwächen nicht als Makel zu empfinden. Die zurückliegenden Monate wurden zu einem Erkennen und Abschiednehmen: Was ich mir so sehr wünschte, ein voll leistungsfähiges Mitglied der Gesellschaft zu werden, erwies sich als Hoffnung, die sich nicht komplett erfüllen lässt. Heute akzeptiere ich meine Grenzen besser, sehe darin eine neue Freiheit. Ich konzentriere mich nicht mehr nur darauf, was ich nicht sein möchte, sondern auf jene Ansprüche, die meinen Erfahrungen und meiner Persönlichkeit entsprechen. Seit ich mein Wohl als wichtig akzeptiere und meinen Hunger nach Bildung verfolge, ohne darüber nachzudenken, wie andere über mich urteilen, geht es mir dauerhaft besser.

Heute wünsche ich mir ein ruhiges Leben, eine erfüllende Betätigung, in der es nicht um Ruhm und materiellen Reichtum, sondern um soziale Inhalte geht. Die Musik wird immer ein wichtiger Bestandteil in meinem Leben bleiben, und natürlich wünsche ich mir Erfolg, jedoch nicht verzweifelt, sondern genau so, wie er zu mir kommen will. Auf dem Weg in eine ausgeglichene Zukunft musste ich mich also von einigen Ideen befreien und anderes betrauern: so zu werden wie alle anderen, eine junge Mutter zu sein, eine Businessfrau, ein Musikstar. Kraft und auch ein wenig Mut waren nötig, um mich davon zu überzeugen, dass es keinen bösartigen Plan gibt, vieles, das einem widerfährt, ein unverschuldeter Zufall bleibt, die Zukunft nicht im ewigen Bann dessen stehen darf, was einem zugestoßen ist.

Die Angst vor der Einsamkeit, vor dem Mangel an Liebe und Fürsorge, die mein Sein so lange Jahre bestimmte und es wiederholt in stürmische Gewässer steuerte, musste ich überwinden. Heute lebe ich allein und genieße diesen Zustand: Meine Wohnung befindet sich in einem hundertjährigen Bauernhaus, das mich – umgeben von Wäldern und endlosen Wiesen – an die ländliche Umgebung meiner frühen Kindheit erinnert. In diesem Zuhause finde ich Ruhe und Frieden. Besuch empfange ich selten, und die wilde Partyzeit gehört der Vergangenheit an. Kehre ich am Abend von der Arbeit nach Hause, benötige ich zwei Stunden Zeit für mich. Ich träume vor mich hin, spiele mit meinen Katzen. Wieder kann ich mich in tausend winzigen Puzzleteilchen verlieren, die sich in zwei Abenden zu einem schönen Bild zusammenfügen. Ich fotografiere Wolkengebilde und die Natur. Ich beobachte die Vögel im Garten. Ich male. Ich schreibe Songs, die von erfüllter Sehnsucht und meinem Leben erzählen, das sich zum Guten gewendet hat. Im Alltag sind mir Routinen und Regeln wichtig, sie funktionieren heute so, wie ich es will: Am Sonntagmorgen trinke ich bei Kerzenschein Tee und lese Zeitungen. Am Freitagabend wasche ich meine Kleider, am Samstag kaufe ich ein. Der Kühlschrank ist stets mit frischen Lebensmitteln gefüllt. Seit ich erneut unter einer hartnäckigen Magenentzündung leide, verlor ich stark an Gewicht. Mein Hungergefühl hat sich in den mageren Jahren für ewig verflüchtigt. Ich ernähre mich nach einem strikten Plan und achte darauf, mindestens fünf kleine Mahlzeiten pro Tag zu mir zu nehmen.

Mein neues Zuhause gestalte ich nach meinen Wünschen und Vorstellungen. Ich fühle mich verantwortlich für die Ordnung und die Reinlichkeit. Noch immer besitze ich eine Unmenge von Kerzen, und meine Feensammlung umfasst heute ein Dutzend Exemplare. Sie steht nicht in staubfreien Vitrinen, wie ich es bei den Pflegeeltern sah, doch immerhin: auf einer blitzblanken Ablage. Jene Zeiten, als mich eine abgewaschene Tasse, die ich auf der Ablage stehen ließ, stundenlang beschäftigte und ich in der Mittagspause nach Hause eilte, um das Objekt im Geschirrschrank zu verstauen, liegen hinter mir. Es gibt sie noch, die schlechten Tage, und wenn sich in seltener werdenden Momenten eine innere Unordnung ankündigt, gestehe ich mir zu, dass ich die Wohnung auf Hochglanz schrubbe, die Fensterscheiben poliere, Staub wische und Ziergegenstände hin- und herrücke, so lange, bis mir das kreierte Bild Linderung verschafft. Ziehen bei anderen Gelegenheiten dunkle Wolken über meinem Gemüt auf, lege ich mich heute ohne schlechtes Gewissen ins Bett, ruhe mich aus, meditiere und finde in den Alltag und zu jenen Menschen zurück, die ich liebe.

Vater erkrankte vor drei Jahren an Krebs, monatelang bangten wir um sein Leben. Während einer ersten Chemotherapie ließ ich mir ein neues Tattoo stechen, und als ich im Studio saß, die Maschine summend Farbe unter meine Haut stichelte, betrachtete ich die an der Wand befestigten Vorlagen: Meerjungfrauen und Raubtiere, gekreuzte Schwerter und feuerspeiende Drachen. Ich dachte über unser Leben nach. Über jene Dämonen, die es bevölkerten, und ihre kunstvollen Bezwinger. Mit geschlossenen Augen ließ ich unsere Schicksalsjahre ruhig Revue passieren. In der Gegenwart angekommen, öffnete ich die Augen und betrachtete das fertige Kunstwerk. Das Resultat unter meinem Pulloverärmel verbergend, fuhr ich zu Papa ins Krankenhaus. Die Infusion im Arm, erhellte sich sein Gesicht, als ich den Ausschnitt über meine Schulter schob. Zwei Herzen werden von einem beschrifteten Banner zusammengedrückt: »Daddy's Girl«. Papa hatte Tränen in den Augen, er fand, er habe eine solche Ehre nicht verdient. Aber ich bin anderer Meinung. Ich werde ihm und Großmutter in allen Situationen beistehen, so wie beide mich nie im Stich ließen, in den schwersten Zeiten nicht, und mir stets bewiesen, was Anstand und Moral bedeuten.

Die Geschichte meiner Mutter überdachte ich in den vergangenen Jahren immer wieder neu, und so wird es vermutlich bis an mein Lebensende bleiben. Die Zeit heilt keine Wunden. Doch die eigenen Erfahrungen und Erkenntnisse verändern den Blick auf das Gewesene, ein biegsames Gebilde, das seine Form immer wieder verändern wird.

Heute sehe ich Parallelen zwischen ihrem und meinem Leben. Mit dem Unterschied, dass ich als erwachsene Person Verantwortung für mich und meine Handlungen übernahm. Indem ich mich weigerte, geplatzte Träume und Schicksalsschläge als Legitimation für den Untergang zu nutzen, und aus diesem Grund suchtfrei geblieben bin. Indem ich in der mir selbst zugestandenen Schwäche den eigentlichen Grund für die Missachtung der anderen sah und mich so aus der Opferhaltung befreite.

An anderen, weniger selbstsicheren Tagen frage ich mich: Vielleicht bekam ich die Kraft und den Lebenswillen einfach in die Wiege gelegt? Ein riesiges Geschenk an meine Zukunft, das ich lange Zeit nicht als solches erkannte, und so wurde auch möglich, dass ich Elend und erlittenes Leid niemals an ein anderes Lebewesen weitergeben werde? Ich weiß es nicht. Was ich weiß: Kein Mensch bescherte mir größere Enttäuschungen als Mutter.

Doch seit ich mich nicht mehr selbst bedauern muss, kann ich um einen Menschen trauern, den es seit vielen Jahren nicht mehr gibt. Der den Wechsel der Jahreszeiten, das Rauschen des Meeres, eine Waldlichtung in den frühen Morgenstunden verpasst hat, Freundschaften, Gelächter, Solidarität, Gefühle in hundert Schattierungen, mein Aufwachsen, meine Sorgen und Freuden. Süchtig, buk sie keine Kuchen mehr, pflanzte keine Blumen, strickte kein Puppenkleid. Sie trug nicht mehr zum Wohlbefinden eines Menschen bei, verschaffte keine Linderung oder Trost in schweren Stunden. Sie zerstörte ihren Körper, gab ihrer Persönlichkeit und dem Geist keine Entwicklungsmöglichkeiten. Sie sah die Welt nicht, bildete sich nicht weiter, überdachte keine Meinungen, kam zu keinen neuen Einsichten, warf einfach alles weg, was ein gutes Leben ausmacht.

Ich besuchte sie noch einmal, in ihrer kleinen Wohnung, die ich ihr als letzte Hilfeleistung organisiert hatte. Trotz der staatlich verordneten Heroinabgabe und dem Methadon konsumiert sie weiterhin Kokain. Sie hat eine Katze und einen Fernseher. Im Kühlschrank lagen Brot und Medikamente. An der Wand im Wohnzimmer hing der Bildstreifen aus dem Fotoautomaten: Mutter und Tochter. Eng umschlungen. Lachend.

*Nachtrag: In Zusammenhang mit der Veröffentlichung dieses Buches wurden Anfragen an die damaligen Behörden und an den Beistand lanciert. Sie wurden nicht beantwortet oder abschlägig beschieden. Obwohl die Akten archiviert sind, will sich die zuständige Vormundschaftsbehörde an den Fall, der erst wenige Jahre zurückliegt, nicht mehr erinnern.*

# »Man kann von einer verlorenen Kindheit sprechen«

*Peter Burkhard ist Gesamtleiter des Vereins für umfassende Suchttherapie Die Alternative in Ottenbach. Die Arbeit des Vereins hat er wesentlich geprägt. Seit über vierzig Jahren setzt er sich für suchtmittelabhängige Menschen und deren Kinder ein und gibt sein Wissen als Experte in verschiedenen Gremien in Bund und Kanton Zürich weiter.*

**Herr Burkhard, Sie arbeiten seit vielen Jahren mit süchtigen Eltern und deren Kindern zusammen. Wie erinnern Sie sich an die Anfänge?**
*Peter Burkhard:* Die Schweiz war in die Schlagzeilen geraten, weltweit berichteten die Medien vom Platzspitz und später von den Zuständen auf dem Letten. Ab 1980 beobachteten wir eine skandalöse Verelendung bei den betroffenen Drogenkonsumenten. Über Monate stritten wir uns in der kantonalen Drogenkommission – gegen den heftigen Widerstand der Staatsanwaltschaft und des Kantonsarztes –, damit endlich sauberes Spritzenmaterial auf der Gasse abgegeben würde, um die Ausbreitung der drohenden Aidsepidemie zu begrenzen. Die Drogenpolitik-Probleme hatten dem eigentlichen Drogenproblem längst den Rang abgelaufen. Schließlich überlagerte aber die Angst vor einer Aidsepidemie die Angst vor dem Drogenpro-

blem. Unter den Stichwörtern Risikominimierung und Schadensbegrenzung wurden nach der Schließung der offenen Drogenszenen sogenannt niederschwellige und gassennahe Institutionen aufgebaut. Sauberes Spritzenmaterial auf der Gasse, Konsumräume, die Ausweitung der Methadonabgabe und die ärztlich betreute Drogenabgabe wurden über Nacht möglich. Alle wollten etwas gegen die menschenunwürdigen Zustände tun.

**Dachte man an die vielen Kinder, die mit ihren Eltern auf der Gasse lebten?**
Nein, von den Kindern sprach niemand. Sie wurden vergessen. Nicht zum ersten und auch nicht zum letzten Mal. Wir beobachteten viele schwangere heroinabhängige Frauen und süchtige Mütter, die sich mit ihren Babys auf dem Lettenareal aufhielten. In unseren Institutionen häuften sich die Anfragen von Frauen und vereinzelt auch Paaren, die mit ihren Kindern in eine Therapie eintreten wollten. Nach intensiven fachlichen Vorarbeiten und einigen baulichen Anpassungen konnten wir ab Herbst 1984 Mütter mit ihren Babys zur Therapie aufnehmen. Unser neuartiges Zwei-Generationen-Modell sorgte reihum für Unverständnis und stieß in weiten Kreisen auf Ablehnung. Zwei Generationen in der Therapie waren in der Jugendheimgesetzgebung nicht vorgesehen; ergo konnte es diesen Betreuungstyp auch nicht geben. Ein Dogma in der Suchtarbeit besagte, dass Paare nicht gemeinsam eine Therapie machen können, wir nahmen Paare mit ihren Kindern zur Therapie in unsere Institutionen auf. Noch ahnten wir nicht, dass ein jahrelanges Tauziehen folgen sollte, bis endlich ein einigermaßen regulärer Institutionsbetrieb möglich wurde. In

ungezählten Dokumentationen, Vorträgen und Eingaben an die Verwaltung wiesen wir immer und immer wieder darauf hin, dass Kinder in Suchtfamilien vielen Gefahren und Mängeln ausgesetzt sind – ohne jedoch auf große Resonanz zu stoßen.

**Das Drama der unbetreuten Kinder von drogensüchtigen Eltern wird von den relevanten Fachkreisen bis heute negiert, verharmlost und nicht zur Kenntnis genommen: Kann man von einem Skandal sprechen?**
Unbedingt. Wenn Kinder aus suchtbetroffenen Familien nicht betreut werden, dann erleiden sie eine Form von struktureller Misshandlung. Sie werden als therapeutische Hilfsmittel der Eltern missbraucht. Es durften noch heute Tausende sein, die diesem unerträglichen Schicksal ausgeliefert sind. Immerhin, da und dort tut sich etwas, die Sensibilitäten nehmen zu, die Frage nach dem Kindesschutz, der ausreichenden Versorgung und der altersentsprechenden Förderung werden schon mal gestellt.

**Dennoch: Warum erhalten diese Kinder keine oder nur unzureichend Hilfe, obwohl es in der Schweiz Dutzende von Hilfsstellen und Institutionen gibt, die zuständig wären?**
Das Thema ist komplex, und man kommt nicht umhin, einen Blick in die drogenpolitische Vergangenheit zu werfen, will man Erklärungen finden: In den 68er-Jahren war der Konsum von bewusstseinserweiternden Drogen eher experimenteller Natur. Die meisten Konsumenten gehörten in das studentische Umfeld und galten zu Recht als handlungsfähige Menschen, da selten eine soziale Notlage den Konsum provozierte und die

Leute auch nur selten abstürzten. In dieser Phase – bis 1975 – konnte man von einem Jugendproblem sprechen. Als das Heroin kam, veränderten sich jedoch die Konsumgewohnheiten, und wir beobachteten zunehmend Menschengruppen, die vor ihren unbewältigten Problemen in die harten Drogen flüchteten. Mit einem Satz: Da waren nicht länger rebellische Jugendliche, die mit bewusstseinserweiternden Drogen zu neuen Horizonten aufbrechen wollten, sondern nur noch Menschen, schwerstsüchtig und gebunden in mehrfach problematischen Lebenslagen und unfähig, ihren Alltag zu meistern. Wir stellten zudem fest, dass nicht mehr länger nur Jugendliche auf der Gasse verkehrten, sondern eben zunehmend junge Erwachsene mit Kindern.

**Die Zielgruppe hat sich radikal verändert, nicht aber die Haltung des professionellen Hilfssystems?**
Genau, und so ist es fatalerweise auch geblieben. Das selbstbestimmte, handlungsfähige Individuum steht noch immer – wie in den 68er-Jahren – im Zentrum des Behandlungsprozesses, obwohl die professionelle Hilfe für die Drogensüchtigen heute beinahe allumfassend ist: Von der Wäsche, die gewaschen wird, über den Schlafplatz, das gekochte Essen, das begleitete Wohnen, bis zu den Beratungsgesprächen wird vollumfänglich für sie gesorgt. Möglich, dass diese umfassenden Hilfeleistungen aufgrund eingeschränkter Handlungs- und Verantwortungsfähigkeit tatsächlich notwendig sind. Es entspricht durchaus auch unseren Erfahrungen, dass schwersüchtige Menschen nicht für sich selbst sorgen können. Nur: Wenn dem so ist, wenn es also zutrifft, dass die personale Autonomie bei den betroffenen Persönlichkeiten dermaßen eingeschränkt

ist, dann frage ich mich, wie die Professionellen dazu kommen, denselben Menschen selbstverständlich zu unterstellen, sie könnten ihre Kinder autonom betreuen, fördern und erziehen.

**Haben Sie eine Antwort?**
Auch dafür muss man in die Anfänge der modernen Drogenarbeit zurückkehren. Unsere Beratungsstellen, »Drop-in« genannt, wurden unter der Prämisse aufgebaut: »Wenn du etwas brauchst, dann kommst du auf uns zu.« Heute, in der modernen Betreuungsarbeit spricht man vom Auftrag: »Du gibst mir den Auftrag, aufgrund dessen ich dann handle.« Diese Freiwilligkeit mag ja bei einzelnen Individuen noch angehen – müsste allerdings auch in jedem einzelnen Fall kritisch hinterfragt werden –, aber wenn Kinder mit betroffen sind, hat diese Haltung katastrophale Auswirkungen. Was ist, wenn die betroffene Mutter Probleme mit dem Kind nicht anspricht, was ist, wenn sie ganz gezielt Schwierigkeiten leugnet, um unangenehmen Interventionen auszuweichen? Wer steht dann für das Kind ein? Als Faustregel sollte in der Praxis verankert werden, dass im selben Ausmaß, in dem für die Mutter professionelle Hilfe organisiert wird, auch der Kindesschutz und die altersadäquate Förderung und Betreuung professionell sichergestellt und kontrolliert werden. Dabei müssen die allfälligen Konsequenzen unmissverständlich allen Beteiligten bekannt sein.

**Was geschieht sonst?**
Ich erinnere mich an den Fall einer schwerabhängigen, schwangeren Frau, deren Kind kurz nach der Geburt verstarb. In den Medien wurde berichtet, die Mutter habe das

Neugeborene aus dem Fenster geworfen. Nun, diese Frau frequentierte regelmäßig eine professionell geführte Institution. Das betreffende Team ermahnte sie immer wieder, einen Gynäkologen zu konsultieren sowie zusätzlich psychologische Unterstützung und andere Hilfeleistungen in Anspruch zu nehmen. Die Frau reagierte allerdings nicht auf die Beratung. Man redete dieser Frau weiterhin zu und auf sie ein, obwohl hinlänglich bekannt war, dass sie auf die gut gemeinten Ratschläge nicht reagierte. Ganz offensichtlich stellte niemand unmissverständlich fest, dass bei dieser Frau das Ende des Beratungsprozesses erreicht war und über alternative Zugänge nachgedacht werden musste: Soll ein Psychiater eingeschaltet werden, ist die Einweisung in eine Klinik vorzusehen, muss zugunsten des ungeborenen Kindes eine fürsorgerische Unterbringung angeordnet werden, oder gibt es noch andere Möglichkeiten, wie das Ungeborene – jedoch auch die Mutter – geschützt werden können?

**Aus welchen Gründen wurden diese Fragen nicht gestellt?**
Mir sind auch nur die Informationen aus den Medien bekannt, und natürlich ist die fürsorgerische Unterbringung ein massiver Eingriff in die Privatsphäre eines Individuums. Sie soll nur in Extremfällen angewendet werden. Wie sich im Nachhinein herausstellte, war hier der extreme Fall aber durchaus gegeben. Die Haltung, dass es sich bei süchtigen Eltern um selbstbestimmte und handlungsfähige Menschen handelt, ist im professionellen Hilfesystem, wie bereits angedeutet, noch immer weit verbreitet und verhindert oder verzögert ein Einschreiten zugunsten der Kinder.

**Kann man eigentlich alle süchtigen Eltern über den gleichen Kamm scheren?**
Auf keinen Fall.

**Ansonsten würden die Kinder den süchtigen Eltern in jedem Fall weggenommen?**
Ja. Das geht nicht und wäre meiner Meinung nach auch falsch, da es heute Wege und Möglichkeiten gibt, um süchtige Mütter, Väter und ihren Nachwuchs zu betreuen und beim Aufbau der Beziehung zu helfen. In der Schweiz haben wir mit den Kindern der Landstraße zudem eine Vergangenheit, die noch immer in schlechtester Erinnerung ist: Damals wurde eine randständige Bevölkerungsgruppe unisono diskriminiert, indem man ihr ohne Abklärungen die Kinder raubte. Auch diese Vergangenheit hat einen Einfluss darauf, wie heute mit randständigen Eltern umgegangen wird: mit positiven und negativen Konsequenzen.

**Sie bieten heute als eine der wenigen Institutionen der Schweiz eine Zwei-Generationen-Therapie an: Für wen ist sie gedacht, und wie verläuft sie?**
Wir haben viele Babys in der Obhut, im Idealfall kommen bereits die schwangeren Mütter zu uns. Die ersten Frauen kamen in den frühen Achtzigerjahren in unsere Institution. Wir waren mit der Thematik noch nicht so gut vertraut und nahmen an, die Frauen würden sich mit den Kindern zusammen stabilisieren. Das Kind als Rettungsanker und als Möglichkeit, um von den Drogen wegzukommen, diese Hoffnung erwies sich bald als Illusion, und wir mussten umdenken. Heute konzentrieren wir uns auf den Aufbau der sogenannten

Mutter-Kind-Dyade, wobei der oberste Grundsatz lautet: Das Taumeln der Mutter darf nicht zum Fall des Kindes führen. Die Babys beenden den Entzug bei uns im Kinderhaus, die Beziehung zwischen Mutter und Kind wird in der Diagnostikphase analysiert, dann werden Handlungsziele festgelegt, angeregt und überprüft. Schritt um Schritt wird die Mutter-Kind-Beziehung gefördert und begleitet. In jedem Fall ist der Kindesschutz durch unsere Mitarbeiterinnen gewährleistet und sichergestellt.

**Aber damit suchtbelastete Eltern mit ihren Kindern klarkommen, kann man wohl nicht ein moralisches Konzept anwenden?**

Das ist richtig, Süchtige werden mit moralischen Appellen nicht erreicht. Kommt noch dazu, dass es naiv wäre, zu glauben, der Verzicht auf Drogenkonsum würde auch zu einer befriedigenden Lebensführung führen. Es geht um die Entwicklungsorientierung. Am Anfang steht eine breite sozialdiagnostische Abklärung. Welche Ressourcen sind noch vorhanden, welche müssen dringend gefördert werden? Anhand der festgelegten Therapieziele werden Lernprozesse angeregt und eingeleitet. Das geht nicht ohne Rückschritte. Es ist ein langer und anstrengender Prozess. Wir verzichten auf Standpauken oder zu hohe Erwartungen, die verbal formuliert werden. Gelernt werden alltagspraktische Techniken, die kindergerechte Haushaltsführung oder das Spielen mit den Kindern, und daraus werden Grundsätze für die Eltern abgeleitet. Wir treffen Vereinbarungen mit ihnen, die Aussicht auf Erfolg haben. Wenn die Mutter dennoch in einer Krise auf die Gasse abhaut, ist das Kind bei uns vollumfänglich umsorgt. Während der Diagnostik- und Therapiephase im Ulmenhof sind unsere Fachleute rund um die Uhr präsent. In der Rehabilitationsphase im Fischerhuus übernehmen die Eltern schon deutlich mehr Verantwortung für ihre Kinder.

**Haben süchtige Frauen eigentlich ein festes Mutter-Bild im Kopf?**
Sie halten oft an einem unrealistischen Ideal fest, das sie nicht erfüllen können. Was wir in all den Jahren gelernt haben, ist auch, dass süchtige Frauen emotional entlastet werden müssen, und aus diesem Grund lernen sie bei uns, Verantwortung abzugeben, um dann schrittweise an ihre Aufgaben herangeführt werden zu können. Es hilft, dass wir über Monate und Jahre ein Vertrauensverhältnis aufbauen. Wenn wir – in selteneren Fällen – zum Schluss kommen, dass ein Kind in einer Pflegefamilie besser aufgehoben ist, setzen wir alles daran, dass die Mutter diese Entscheidung nachvollziehen kann und somit ermöglicht.

**Lieben drogensüchtige Eltern Kinder weniger stark als andere?**
Ganz im Gegenteil, aber die Sucht, insbesondere auch die eigene Sozialisationserfahrung, verhindert die verlässliche Umsetzung ihrer liebevollen Absichten. Sucht setzt Prioritäten, im entscheidenden Moment steht immer die Droge an erster Stelle. Drogensüchtige Mütter und Väter geraten, auch betreut, relativ schnell an ihre Grenzen, manche unterbrechen die Therapie kurzfristig, andere laufen davon. Aber es gibt natürlich auch die wunderbaren Erfolge, wo am Schluss eine gute Zukunft vor einer Familie liegt.

**Lässt sich in der Praxis auch feststellen, dass sich das Elend über Generationen weitervererbt?**

Ja. Unsere Mütter stammen selbst nicht selten aus belasteten Familienverhältnissen mit süchtigen Elternteilen, Gewalterfahrungen, Übergriffen und Misshandlungen. Das heißt, auch ihnen fehlen verlässliche Vorbilder. Wir unterstützen die Frauen durch Elternweiterbildung oder andere individuelle Fördermaßnahmen. So können sie eine eigene Vorstellung der Mutterrolle entwickeln. Ohne unseren Trägerverein und einzelne Stiftungen hätten wir es nicht geschafft, einen eigenen Bildungsfonds zu realisieren.

**Gibt es in diesem Therapiekonzept auch Platz für ältere Kinder?**

Wir nehmen Kinder im Vorschulalter auf. Süchtige Eltern setzen oft alles daran, den familiären Zustand zu verheimlichen. Probleme werden bagatellisiert und geleugnet. Sie wollen auf keinen Fall behördlich erfasst werden. Oft werden Auffälligkeiten erst bei der Einschulung der Kinder beobachtet. Dann ist es allerdings schon sehr spät, und es bleibt meistens nur noch die Lösung, das betroffene Kind aus der Familie zu nehmen und einen Pflegeplatz zu suchen.

**Müssten die Kontrollen in den Methadonprogrammen verschärft werden, damit die süchtigen Mütter und Väter früher auf den Radar der Behörden geraten?**

Nein, das bringt nichts. Wie Ärzte und das Betreuungspersonal mit dem Konsum umgehen, ist die eine Sache, wie der Kindesschutz sichergestellt wird, eine andere. Es muss darauf gedrängt werden, dass das Betreuungspersonal verbindlich auf den Kindesschutz verpflichtet wird. Das beginnt in einem ersten Schritt ganz einfach damit, dass die Lage der betroffenen Kinder erfasst und thematisiert wird.

**Sind süchtige Eltern behördlich registriert, gibt es die Möglichkeit des Obhutsentzugs oder andere Maßnahmen, die zum Schutz des Kindes verordnet werden können: Warum werden diese nicht häufiger angewendet?**
Sie greifen zu einem sehr späten Zeitpunkt und stehen in Zusammenhang mit einer Gefährdungsmeldung, der nachgegangen werden müsste. Auch wenn dies gemacht wird: Die Frage, ob ein Elternteil unfähig ist, für das Kind zu sorgen, ist sehr komplex. Die handlungsleitenden Kriterien sind undifferenziert, die Kompetenzen und Verantwortlichkeiten zu wenig klar definiert. So wird nach Gutdünken gehandelt oder eben eher nicht.

**In der Schweiz leben mindestens viertausend Kinder in Familien mit Drogenproblemen. Welches Gefühl löst diese Tatsache bei Ihnen aus?**
Ein sehr schlechtes, zumal die Dunkelziffer sehr hoch ist. Diese Kinder bleiben noch heute über Jahre hinweg weitgehend ohne Hilfe.

**Welchen Belastungen sind sie ausgesetzt?**
Solche Kinder werden in ihren Bedürfnissen nicht wahrgenommen, und die elterliche Drogensucht führt zu enormen Belastungssituationen, Mangelerscheinungen und setzt sie zahlreichen Gefahren aus. Wir haben heute dreijährige Kinder, die bereits Tee kochen können und für die Mütter sorgen,

wenn es diesen schlecht geht. Diese Kinder sind mit altersuntypischen Aufgaben befasst, leben dauernd in der Überforderung und werden so um ihre Kindheit betrogen. Ein unversehrtes Aufwachsen ist kaum möglich: Gewalt, Gassenstress, unsteter Lebenswandel, häufige Beziehungswechsel, aber auch die mit der Sucht einhergehende Unberechenbarkeit der Eltern – all das ist inakzeptabel.

### Welche Langzeitfolgen sind zu befürchten?

Borderline oder das Aufmerksamkeitsdefizitsyndrom sind Folgeerscheinungen, unter denen solche Kinder später häufig leiden, dazu kommen posttraumatische Belastungsstörungen, ernsthafte psychische Erkrankungen und eine sechsmal größere Häufigkeit, in eine Sucht abzurutschen. Die wissenschaftliche Forschung zu diesen Themen steckt in der Schweiz in den Kinderschuhen – ein Umstand, der ebenfalls auf ein mangelndes Interesse am Leiden der vergessenen Kinder hinweisen könnte.

### Ist es Gleichgültigkeit oder mangelnder Mut, dass Institutionen und das professionelle Hilfesystem, aber auch Behörden und Ärzte, denen die Situationen der Kinder nicht entgehen, inaktiv bleiben?

Bei vielen Helfenden sind die Kinder einfach nicht auf dem Radar, sie fühlen sich einzig und allein für das Wohl der Süchtigen – ihrer Klientel – zuständig. Andere unterschätzen und negieren das Drama der Gassenkinder: Ich weiß zum Beispiel von einer schwersüchtigen Frau mit fünf kleinen Kindern. Als Heroinabhängige besuchte sie die entsprechenden Beratungsgespräche immer pflichtbewusst, und das mitgebrachte Kind machte während zwei Stunden keinen Mucks. Die Fachperson wertete diesen Umstand so, dass die Frau ihren Nachwuchs offenbar gut im Griff habe. Bei mir hätten die Alarmglocken geschrillt, denn ein zweijähriges Kind, das zwei Stunden lang apathisch in einer Ecke sitzt, finde ich nicht normal. Auf jeden Fall wurde diese Frau, obwohl sie seit Jahren von der Fürsorge unterstützt und begleitet wurde, nie zu Hause besucht, und der Kindesschutz wurde nicht kontrolliert. Irgendwann machte eine Nachbarin Meldung. Die Fenster waren verbarrikadiert, damit die kleinen Kinder nicht fliehen konnten. Es stellte sich dann heraus, dass alle fünf bereits einmal mit akuter Unterernährung einem Arzt übergeben worden waren, der die Mädchen und Jungen nach der Behandlung zur Mutter zurückschickte. Diese hatte noch immer die Erziehungsgewalt und versprach – einmal mehr –, für ihre Kinder zu sorgen. Später erzählten uns die Kinder, wie sie allen möglichen Unrat in der Wohnung zusammengesucht und gegessen hätten, damit sie in der Abwesenheit der Mutter nicht verhungerten. Das ist übrigens kein Einzelfall, sondern nur die Spitze des Eisberges.

**Kann man in diesem Fall von grobfahrlässigem Verhalten sprechen oder von einer unterlassenen Hilfeleistung?**
Von beidem. Aber es bringt den Kindern wenig, wenn man das Verhalten eines Einzelnen anprangert, den spezifischen Fall kritisiert. Es muss ein Sinneswandel stattfinden, sonst verlaufen notwendige Interventionen weiterhin nach dem Zufallsprinzip. Dieses Umdenken findet aber erst statt, wenn diese Kinder eine eigene Lobby erhalten, eine Parteilichkeit geschaffen wird mit verantwortlichen Personen, die sich explizit einsetzen müssen, ansonsten sie zur Rechenschaft gezogen werden.

**Bis es so weit ist: Würden Sie sich manchmal etwas mehr Zivilcourage von den involvierten Stellen und Menschen wünschen?**

Natürlich, aber noch mehr würde ich mir eben wünschen, dass keine Zivilcourage mehr nötig ist, um diesen Kindern zu helfen. Wenn ein Autofahrer das Rotlicht missachtet, braucht derjenige, der ihn anzeigt, auch nicht besonders viel Mut, und der Polizist, der ihm die Buße zuschickt, auch nicht. Er handelt so, wie man es von ihm erwartet. Warum? Weil es verbindliche Gesetze gibt und Verkehrsunfallopfer eine Lobby besitzen.

**Wieso haben Kinder von drogensüchtigen Eltern bis heute keine Menschen im Rücken, die sich für ihre Rechte einsetzen?**

Weil kleine Kinder als ungefährlich betrachtet werden. Sie leiden still. Sie sind machtlos. Die Eltern fallen ja aus, wenn es um die Durchsetzung von Rechten geht, und die Politiker kommen erst aufs Tapet, wenn diese Kinder im jungen Erwachsenenalter auffällig werden. Dann will man durchgreifen und geht mit entsprechenden Aussagen auf Stimmenfang.

**Einerseits soll das Kind von der drogenabhängigen Mutter oder dem Vater geschützt werden, andererseits hat jedes Kind Anrecht auf seine Eltern. Stehen Kinderschutz und Kinderrechte einander im Weg?**

Dieser Umstand kann zu paradoxen Situationen führen. Viel eher aber gibt es im professionellen Hilfesystem, in Erinnerung an jene Jahre, in denen die Drogenpolitik repressiv gehandhabt wurde, die reflexartige Haltung, dass man die Erziehungsfähigkeit von süchtigen Eltern nicht hinterfragen darf. In diesem

Sinn ist auch das Loyalitätsprinzip gegenüber den süchtigen Müttern beinahe unangreifbar, denn alles andere wäre politisch unkorrekt. Obwohl man weiß, dass es nicht gut läuft, blickt man weg, unternimmt nichts.

**Im Fall von Michelle Halbheer war die Vormundschaftsbehörde involviert, der Beistand, das Jugendamt, aber auch außenstehende Fachleute bekamen das Martyrium auf die eine oder andere Weise mit: Es gab also durchaus Verantwortliche, die sich um das Wohl des Mädchens hätten kümmern sollen.**

Man will den Süchtigen glauben, auch weil das Enttarnen von Missständen und Lügen mit Arbeit und finanziellem Aufwand verbunden wäre. Die Verantwortlichkeit ist heute zudem relativ, jeder kann dem anderen den Ball zuspielen, und niemand wird zur Rechenschaft gezogen, wenn mutlos oder fehlerhaft gehandelt wird. Zudem: Wenn sich die Fachleute immer nur auf ihre Fachebene berufen, bleiben sie zwangsläufig untätig. Dies kann der Fall sein, wenn sogenannte Kompetenzüberschreitungen eine Abmahnung zur Folge haben oder ein Riesentheater provozieren. Dass es so laufen kann, erfuhr ich selbst unzählige Male, wenn ich nicht nach dem offiziellen Dienstweg vorging, sondern nach meinem gesunden Menschenverstand und nach meinem Gewissen handelte.

**Können Sie ein Beispiel nennen?**

Einmal hatte man es versäumt, einer Junkie-Mutter, die über zwei Jahre lang wie vom Erdboden verschwunden blieb, das Sorgerecht zu entziehen. Sie tauchte eines Tages wieder auf und forderte prompt ihr Kind zurück. Die Pflegeeltern riefen mich in größter Verzweiflung an, die Vormundschaft stehe unangemeldet vor der Tür und habe die Herausgabe des Mädchens beschlossen. Ich wies sie an, dies kategorisch abzulehnen, worauf die Vormundschaft unverrichteter Dinge abziehen musste, obwohl sie, juristisch betrachtet, im Recht gewesen wäre. Logisch, gab es danach unangenehme Auseinandersetzungen. Doch das Kind blieb bei den Pflegeeltern.

**Die ehemalige Vormundschaftsbehörde heißt seit dem 1. Januar 2013 Kindes- und Erwachsenenschutzbehörde (KESB). Ist eine Verbesserung der Situation von Kindern in suchtbelasteten Familien in Sicht?**
Die KESB ist neu eine gemeindeunabhängige, professionelle Behörde. Sie ist als Fachbehörde zuständig für den Schutz von Personen, die nicht mehr in der Lage sind, ihr Leben selbständig zu gestalten. Die Vormundschaft wurde im Zug des revidierten Kindes- und Erwachsenenschutzgesetzes abgeschafft, neu gibt es maßgeschneiderte Beistandschaften, in denen die Handlungsfreiheiten von Fall zu Fall definiert werden. Grundsätzlich geht es bei den Neuerungen eher um den Erwachsenenschutz. Gegenwärtig arbeitet die Behörde an den Fallübernahmen, es wird sich zeigen, ob sie es schafft, im Bereich des Kindesschutzes nachhaltige und dringend notwendige Verbesserungen durchzusetzen.

**Fachleute der Suchtarbeit beklagen seit langem, dass die Uno-Kinderrechtskonvention, die die Schweiz vor sechzehn Jahren ratifiziert hat, im Bereich jener Kinder, die in randständigen und suchtbelasteten Familien leben, noch immer nicht umgesetzt worden ist. Was sagen Sie?**

In der Uno-Kinderrechtskonvention steht es schwarz auf weiß geschrieben: Ein Kind hat unter anderem ein Recht auf Gesundheit, das Recht auf Freizeit, Spiel und Erholung, das Recht auf elterliche Fürsorge und ein sicheres Zuhause, das Recht, sich mitzuteilen und gehört zu werden, sowie ein Recht auf Bildung und Ausbildung. Bezogen auf Kinder substanzabhängiger Eltern, greift die Konvention tatsächlich noch nicht, weil es an verbindlichen Mindeststandards fehlt. Somit ist die Konvention in diesem Bereich nicht in die Praxis umgesetzt worden.

**Welche Maßnahmen regen Sie an?**
Man muss ein fachlich legitimiertes nationales Konsenspapier ausformulieren. Wünschenswert wäre ein Referenzsystem mit genau definierten altersspezifischen Mindeststandards zur Betreuung und Erziehung von Kindern, die die süchtigen Eltern – ohne Spielraum und Toleranz – erfüllen müssen. Wenn die Eltern unkooperativ sind, die Anforderungen und Abmachungen nicht erfüllen, soll dies rasche Konsequenzen zur Folge haben. Zudem müssen Lobbypersonen ernannt werden, die garantieren, dass diese Verbesserungen gesamtschweizerisch umgesetzt werden.

**Gerade bei den Mindeststandards raufen sich die Experten bereits die Haare. Was braucht ein Kind, und was kann es im Notfall verkraften: Haben Sie eine Antwort?**
Sozialpolitisch müsste gewährleistet werden, dass verbindliche Bezugspersonen da sind, das Kind sich nicht in der Obhut ständig wechselnder Gassenleute befindet. Auch die Pflege, die Ernährung, die Unversehrtheit müssten gesichert sein. Ob der

Kinderschutz erfüllt wird, muss vor allem aktiv und regelmäßig kontrolliert werden. In diesem Bereich besteht großer Handlungsbedarf.

*www.diealternative.ch*

# Nachwort

Nicht über die drogensüchtigen Mütter und Väter sollte man sich in erster Linie aufregen, sondern darüber, was ihre Kinder erdulden müssen. Meine eigene Geschichte ist eine von vielen und bestimmt nicht die schlimmste, und anderen Kindern ergeht es vielleicht ein wenig besser: Aber auch wenn die Versäumnisse und Misshandlungen weniger schlimm sind, sind die Konsequenzen gravierend. Kinder von Drogenabhängigen leiden im Erwachsenenalter häufiger unter schweren Depressionen als andere, weisen ein erhöhtes Risiko für das Aufmerksamkeitsdefizit-Hyperaktivitätssyndrom (ADHS) auf und gleiten – so besagt eine deutsche Studie – sechsmal häufiger als Kinder aus »normalen« Familien in eine Sucht ab. Als junge Erwachsene kosten die ehemaligen »Fixerkinder« den Staat Millionen, und allzu oft beschränkt sich die späte Hilfe darauf, die Betroffenen in die Jugendpsychiatrie abzuschieben. Das Thema ist aktueller denn je, denn es geht mit den Vätern und Müttern der zweiten Drogengeneration in eine neue Runde: In der Schweiz leben gegenwärtig rund viertausend Kinder in Familien, in denen mindestens ein Elternteil harte Drogen konsumiert, in Deutschland geht man von vierzig- bis sechzigtausend Kindern aus, in den USA von einer Million.

»Viele Drogenkinder sind versteckte Kinder«, sagt der Schweizer Kinderpsychiater Heinz Herzka. Und dennoch lassen sie sich nicht aus dem Alltag wegzaubern: Auch wenn ich leugnete und relativierte, was in meinem Alltag geschah, besuchte ich doch die Schule, war umgeben von Menschen, die mein Leiden in der einen oder anderen Art und Weise mitbekamen. War es Gleichgültigkeit, Hilflosigkeit oder weil es an klaren Richtlinien fehlte, die ein schnelles Handeln und Eingreifen ermöglicht hätten, dass niemand reagierte? Obwohl Studien und Untersuchungen die Situation der betroffenen Kinder genau analysieren, Wissenschaftler die schwerwiegenden Belastungen thematisieren, denen die Mädchen und Jungen in Suchtfamilien ausgesetzt sind, und vermehrt auch Langzeitschäden erforscht werden, kommen Schweizer Experten aus der Suchtarbeit zum Schluss: Auch heute erhält nur ein geringer Prozentsatz der betroffenen Jungen und Mädchen in irgendeiner Form Hilfe. Und dies, obwohl es in unserem Land Dutzende von Anlaufstellen gibt, die intervenieren könnten, darunter Jugendämter, die Jugendgesundheitsstellen, die medizinisch-pädagogischen Amtsstellen, die Vormundschaftsbehörden, die Kinderpsychiatrie, Sozialdienste, Kinderspitäler, Opferhilfe-Beratungsstellen, Polizei, Kindernotruf, schulärztliche und schulpsychiatrische Dienste, auf Kinderschutz spezialisierte Gruppen und Kommissionen sowie die kantonalen Delegierten zur Vorbeugung von Kindesmisshandlungen.

Wieso geschieht nichts? Bezogen auf die Kinder substanzabhängiger Eltern, greife die ratifizierte Kinderrechtskonvention der Vereinten Nationen, die vor sechzehn Jahren in Kraft trat, nicht, monieren Schweizer Fachleute von der Front. Für die konkrete Beurteilung der Missstände fehlten handlungsleitende Entscheidungskriterien. Die betroffenen Eltern fielen als Lobbypersonen aus, die relevanten Fachkreise seien zum Sachverhalt nicht in genügendem Ausmaß informiert und unterschätzten durchgehend die Brisanz der Vorgänge und die Tragik der Schicksale dieser Kinder, heißt es beim Verein Die Alternative, der sich seit Jahrzehnten mit der Thematik befasst. Es braucht ein fachlich legitimiertes nationales Konsenspapier, in welchem altersspezifische Mindeststandards zu Betreuung und Erziehung von Kindern substanzabhängiger Eltern endlich ausformuliert werden. Ich finde, man sollte nicht nur nach den starren Kriterien genauer Vorgaben handeln, sondern die entsprechenden Entscheidungen nach menschlichem Ermessen treffen.

Nicht nur ein diplomiertes, sondern auch ein emotional intelligentes, starkes und handlungswilliges Netz von zusammenarbeitenden Stellen muss heranwachsen. Andererseits vertrete ich auch die Meinung, dass Mütter und Väter, die harte Drogen konsumieren, ihre elterliche Verantwortung nicht wahrnehmen wollen und aus diesem Grund auch keine Kinder betreuen können. Drogenabhängige Menschen sollten sich durch Abstinenz das Anrecht erkämpfen, erneut für ihren Nachwuchs sorgen zu dürfen. Allerdings leben nicht nur viele Drogenkinder versteckt, sondern auch ihre Eltern: Sie figurieren als Methadonbezüger – entziehen sich so der strengen behördlichen Beobachtung –, konsumieren gleichzeitig aber weiterhin harte Drogen. Urinproben, die abgegeben werden müssen, eine Kontrolle, die leicht mit fremden Proben torpediert werden kann, reichen als Maßnahme nicht aus, um die Abstinenz zu beweisen. Von hieb- und stichfesten Blutentnahmen – wie sie jeder stark alkoholisierte Autofahrer auch über sich ergehen lassen muss – will die Soziallobby jedoch nichts wissen, da ein solch forciertes Vorgehen einen Übergriff auf ihre Klientel darstelle.

Ein riesiges Hilfsangebot und gute Absichten nützen meiner Meinung nach auch nichts, wenn man Kinder weiterhin als Therapeutikum der süchtigen Eltern betrachtet, deren Genesungsprozess wichtiger eingestuft wird als der Kindesschutz. Wenn das Kind ein Mittel zum Zweck bleibt, wird ein Eingreifen zu seinen Gunsten unwahrscheinlich. Von dieser Haltung profitierte meine Mutter, und gleichzeitig blieb auch ihr eine Chance verwehrt: Statistisch betrachtet, schaffen jene Eltern, denen die Kinder weggenommen werden – im Bemühen, diesen Entscheid rückgängig zu machen –, den Ausstieg aus den harten Drogen häufiger als jene Süchtigen, die mit ihren Kindern zusammenleben.

*Michelle Halbheer, im Juli 2013*